Torkom Saraydarian

Die Legende von Shamballa

Das irdische Paradies in der Wüste Gobi

Verlag Heiler Mensch-Heile Erde

Titel der amerikanischen Originalausgabe (1976):
THE LEGEND OF SHAMBALLA
Autor: Torkom Saraydarian
Copyright: The Creative Trust

Kontaktinformation Creative Trust und TSG Foundation:
28641 N. 63rd Place, Cave Creek, Arizona, 85331-6441, U.S.A

Herausgeber der zweiten Auflage (2014):
Verlag Heiler Mensch – Heile Erde
Im Gottesacker 6a, 79279 Vörstetten, Deutschland
E-Mail: hmhe-verlag.de Web: www.hmhe-verlag.de
Tel: +49-7666-610241 Fax: +49-7666-610343

First printing in German in Switzerland
Second limited edition printed in Austria, 2006
Second Printing in Germany 2014
ISBN 978-3-940059-58-1

Die Legende von SHAMBALLA ist aufwühlend und beruhigend zugleich. Sie weckt das geistige Verständnis für die bevorstehende Evolution der Menschheit. Sie fördert die Erkenntnis, dass sich das gesamte Universum in uns Menschen widerspiegelt. Sie entwickelt die geistigen Fähigkeiten, den Sinn und Zweck des Lebens zu erfassen und die Urweisheiten zu entdecken.

SHAMBALLA ist das Zentrum des göttlichen Bewusstseins, das Symbol für die Vergeistigung der Menschen und das Ziel des Bestrebens nach Vollkommenheit.

SHAMBALLA ist der esoterische Kern des Lebens, der Fokus allen geistigen Strebens und die Verdichtung der göttlichen Urerkenntnis.

SHAMBALLA als Ausgangspunkt und Ziel der Schöpfung vermittelt große Kraft und geistige Inspiration.

Dieses großartige Epos motiviert zur Meditation und entwickelt die übersinnlichen Kräfte. Wer sich in die Legende von SHAMBALLA vertieft, erkennt den wahren Sinn des Lebens. Der Autor hat es meisterhaft verstanden, die geistige Botschaft von SHAMBALLA in Worte zu fassen.

Über den Autor

Torkom Saraydarian wurde in Kleinasien geboren. Seit seiner Kindheit suchte er das Geheimnis, Mensch zu ergründen. Er besuchte Klöster, alte Tempel und Geheimschulen, um die Antwort auf seine brennenden Fragen zu finden.

Er lebte jahrelang im Osten unter Sufis, Derwischen, christlichen Mystikern und Lehrern der uralten Weisheiten. Es bedurfte viele Jahre der Disziplin und des Opfers um das alte Wissen von den wahren Quellen aufzunehmen. Meditation wurde ein Teil seines täglichen Lebens, und Dienen ein natürlicher Ausdruck seiner Seele.

Er war Violinist, Lehrer, Vortragender, Ingenieur, Meteorologe, Schriftsteller, Philosoph und Komponist.

«Wie ein Diamant
erglüht das Licht
auf der Hochburg
von Shamballa.
Er ist dort – Rigden-Jyepo,
unermüdlich, immer wachsam
um der Menschheit willen.
Seine Augen schließen sich nie.
Und in seinem magischen Spiegel
sieht Er alles, was auf Erden
vor sich geht.»

Shamballa
von
Nicholas Roerich

EINLEITUNG

Die Legende sagt,
es war nur Raum,
der selbst seiende,
Grund-lose Grund.

Vom Raum strahlte
ein Feuerball aus,
der sieben große
Energiewellen
in sich ausdehnender
und sich zusammenziehender
ununterbrochener Bewegung
ausstrahlte.
Dies war das Atmen
des Feuers.
So erhob sich ein FRAGMENT
aus dem Raum
und offenbarte sich.

Am Anfang
– wenn es überhaupt einen Anfang gab –
gingen die Strahlen dieses Urfeuers
in alle Richtungen
des unergründlichen, reinen Raumes,
und allmählich
erhärteten sich die Spitzen
dieser Strahlen,
sie verdichteten sich,
materialisierten sich
und wurden zu Atomen
im Raum,
die an den Bändern der Strahlen
hingen.

Ein Atom
ist ein Strahlentanz,
in dem die Strahlen
versuchen,
einen Funken
des lebendigen Feuers
einzuschließen,
einzusperren
und in dichtere
Form zu bringen,
indem sie
aus ihrem innersten Wesen
Mauern um ihn bilden.

Durch die Triebkraft
der Strahlen
kamen so Atome zusammen
und spiegelten
Gebilde wider,
die im Herzen
des reinen
Urfeuers
existierten.

Im Atom,
in allen Atomen,
ist ein Strahl des Urfeuers
verankert.
Im Zentrum
jedes Atoms
ist ein Funken
des Feuers.

Jedes Atom
sehnt sich,
eine Sonne zu sein.

Unsere Sonne
war ein Atom –
Unsere Sonne
mit ihrem Sonnensystem
ist ein Atom
inmitten von
Milliarden und aber Milliarden
von Sonnenatomen.

Die Legende sagt –
in jedem Atom
auf allen Ebenen
ist der Urtrieb
zum Vorwärtsschreiten
auf die Quelle zu.
Dies ist der Urtrieb
zu Sein.
Dies ist der Urtrieb
zu erschaffen.
Dies ist der Urtrieb
in Beziehung zu treten, bewusst zu sein.

Rhythmisch atmet
dieses göttliche Feuer.
Während es atmet,
sendet es Energie und Weisheit
durch seine Strahlen
zu den Atomen
und lädt sie auf.

Das Atom,
die Spitze eines Strahls
in der Materie,
fühlt sich schließlich
nicht imstande die Ladung zu halten,
und das Atom löst sich auf,
und der Strahl
bildet eine neue Form
die dem Urfeuer näher rückt...

Dieser neue Körper kann
auf derselben Ebene sein,
nur ein klein wenig mehr
entfaltet,
um fähig zu sein
die Spannung
des fortschreitenden Strahls,
des fortschreitenden Funkens
auszudrücken.

Wie sich die Aufladung
des Urfeuers
zyklisch verstärkt,
empfängt der Funke
immer größeren Anreiz
und erschafft
eines Tages
ein völlig
neuartiges eigenes Reich –
das Pflanzenreich
nimmt Gestalt an.

Viele Millionen Jahre
erlebt der Strahl,
der als Funke erscheint,

mehr und mehr
und erschafft
voller Freude
immer schönere Blumen,
Büsche, Bäume in allen Klimazonen.

Der Kontakt
des Funkens
mit der Substanz, näher dem Urfeuer,
erschafft
Empfindung im Atom,
erschafft Duft,
erschafft Farben
in tausend Schattierungen.

Der Funke hat seine Freude
am Mischen der Farben, der Empfindung
und des Duftes...
und bedeckt die Gefilde des Raumes
mit farbenreicher Schönheit.

Millionen von Jahren vergehen.
Einige Funken fühlen,
dass
auch dieses Reich
noch eine Begrenzung
ihrer Entfaltung ist.
Sie fühlen sich
in der Schönheit des Reiches
der Pflanzen gefangen,
und sie versuchen ihr Streben zu verstärken
um durchzubrechen
und einen neuen Mechanismus des Kontaktes
und Ausdrucks zu schaffen.

Einige von ihnen bauen
die einfachsten Formen
des Tierreichs,
und
einige Funken entwickeln
aus dem Urfeuer
während Millionen von Jahren
der Erfahrung und Eingebung
höhere Formen,
bis sie sich in die Form
eines Adlers,
eines Pferdes,
eines Elefanten
kleiden –
So entsteht das Tierreich
mit all seiner Mannigfaltigkeit.

Aber auf Grund seiner eigenen Erfahrung,
Freude und Wonne,
aus der zyklischen Eingebung
des Urfeuers
erwacht der Funke mehr und mehr
und zieht sich näher zum Urfeuer zurück.
Einige
der Funken
treten in eine andere Dimension über,
und formen das nächste Reich,
das Menschenreich.

Welch großer Sieg
für den Funken,
den Reiz
der niederen Reiche
zu brechen

und der Verantwortung,
Mensch zu sein,
gegenüberzutreten.

Im Reich der Menschen
entwickelt er
mehr Empfindsamkeit,
Gefühle,
und er kann
Ursache und Wirkung
auseinanderhalten
und eine feinstofflichere
Substanz, die mentale,
gebrauchen.

Sowie er größere Aufladung
durch das Urfeuer erfährt,
bemüht er sich mehr
und immer mehr,
sein Instrument der
Manifestation zu vervollkommnen,
seinen Körper,
seine Gefühle,
sein Denkvermögen...

All diese Reiche
waren nicht irdisch
materieller Art,
wie wir Menschen
Materie verstehen,
sondern sie waren elektrische,
geistige Phänomene.

Die Strahlen, die zum Ursprung
zurückkehrten,
formten verschiedene Reiche,
als sie auf ihrem Weg
weitergingen.
Einige von ihnen
erschufen sogar
Planeten als ihre Körper.
Einige von ihnen
wurden sogar Sonnen,
größeren und größeren Umfangs.
Jene,
die sich unterwegs durch Anziehungskraft verbanden,
bauten Systeme und Galaxien auf.

Die Wissenschaftler und
Philosophen
werden erstaunt sein,
wenn sie lesen,
was die Legende
über den Menschen,
die Sterne
und das Universum
berichtet.

Die Legende sagt,
der Mensch
existierte schon
vor der Sonne,
vor dem Mond,
vor der Erde.

Es war der Mensch,
der zur vollen Blüte gedieh,
bevor die Erde entstand.

Die Erde,
wie sie ist,
ist der Körper eines Menschen,
der sich in Milliarden und aber Milliarden
von Jahren
in solchem Ausmaß
entfaltete,
dass
er einen riesigen Körper schuf,
als Erziehungsfeld
für all jene Strahlen,
jene winzigen Leben,
die auf der Leiter des Seins
durch den Raum wanderten.

Ein Mond
ist ein sich auflösendes Skelett
eines großen, großen Lebens,
das
ihn vor Zeiten einmal
als seinen Körper gebrauchte.
Dann verließ es ihn, wie wir unsern Körper verlassen,
wenn wir ihn nicht länger gebrauchen können.

Die Legende sagt,
unser Planet
ist der Körper jener
großen Wesenheit,
die als Mond starb,
und dann als unser Planet
wiedergeboren wurde.

Dasselbe Leben
wird sich schließlich
als eine Sonne manifestieren.

Dies ist unser Schicksal
und
das Schicksal
aller Strahlen,
die heimwärtsziehen,
einerlei, welche Art Körper sie haben.

Übrigens,
eine Sonne kühlt sich nie ab,
und wird ein Planet oder ein Mond.
Sie schmilzt hinweg
in den Raum
und das Zentrale Leben
schreitet vorwärts auf dem Pfad
seiner Evolution.

Die Planeten,
die Sonnensysteme,
die Galaxien
sind Schulen für all
diese Strahlen,
die auf ihrem Pfad
heimwärts wandern.

Viele Strahlen wurden
zu diesem Planeten angezogen.
In Wirklichkeit
wurde der Körper dieses
irdischen Lebens
von Strahlen
auf allen Ebenen
gebildet,
von atomaren, pflanzlichen,
tierischen, menschlichen

und übermenschlichen –
um ihnen allen
Erziehung
und Disziplin
zu vermitteln.

Auf einigen Planeten
überschritt der Mensch erfolgreich
seine Ebene der Vervollkommnung
und betrat ohne Vermittler
ein höheres Reich,
aber die Legende sagt,
dass auf unserem Planeten
der Funke in Entwicklung
auf halb tierischer
und halb menschlicher Ebene
steckenblieb
und es ihm nicht gelang,
seine Entwicklung
fortzusetzen,
wegen
bestimmter Dinge
die auf dem Mond misslungen waren.

Aber jene, denen es gelang,
diese Stufe
vor Milliarden und aber Milliarden von Jahren
zu überschreiten,
in verschiedenen Evolutionsschemata
und die diesen Planeten
und die Reise der Strahlen
auf ihrem Weg heimwärts beobachteten,
kamen, um zu helfen.
Dies waren Wesen,

die Kumaras und
Sonnenengel genannt wurden.

Sie lehrten den Menschen, wie man denkt,
wie man spricht,
wie man baut...
und jene Funken,
die schwerer,
schwerer und schwerer arbeiteten,
drangen vor in
größeres Licht, größeres Erwachen,
und wurden,
die Lehrer,
die Könige,
die Führer
des Volkes,...

Einigen dieser Großen
gelang ein noch größerer
Durchbruch,
und sie erreichten
eine neue Dimension,
viel näher dem Urfeuer
und
deshalb
stärker geladen,
heller wach,
mehr erleuchtet
und freier.

Einige dieser Funken
beendeten die Schule
des Menschenreichs.

Da ist Christus,
die Speerspitze der auf dem Weg zur Sonne
aufbrechenden Strahlen,
der feurige Pfeil
auf dem Flug zur Quelle
des Lichts,
der Liebe,
der Kraft ...

Die Legende sagt,
die Geschwindigkeit,
mit der Christus voranschreitet,
hat nicht ihresgleichen
in der Geschichte unserer irdischen
Menschheit.

Dann kamen andere Große,
von anderen Planeten,
die als menschliche Wesen
den Marathonlauf
auf unserer Erde vollzogen,
so der große, große
Buddha,
der,
wie die Legende sagt,
das letzte Wesen der
Mondmenschheit war,
der seinen Wettlauf
auf diesem Planeten
fortsetzte
und schließlich
die Buddhaschaft erreichte.

Viele andere
Große

unserer Menschheit oder
von anderer Herkunft
setzten ihre Lehrzeit
hier auf diesem Planeten fort
und erreichten schließlich
höhere Ebenen
auf dem Pfad zum Urfeuer.

Auf unserem Globus
sind alle organisierten Formen,
Zentren,
Nationen,
Talente, Genien, Meister, Engel, Leben, Seelen
und Monaden
die Verkörperung
von Strahlen,
die auf dem Weg heim zur Sonne sind.

Wenn der Strahl
einen physischen,
einen astralen
und einen mentalen
Körper baut,
und diese Körper durch die
Kräfte der Natur
hochgradig miteinander verschmelzen,
nennen wir den Strahl
eine Persönlichkeit.

Wenn der Strahl
fortan
höhere Körper
baut,
und sich selbst als nicht identisch
mit seinen Körpern erkennt,

nennen wir ihn eine Seele,
die weiß, wie man denkt,
wie man liebt, wie man den Willen gebraucht.

Wenn der Strahl
weiter dem Feuer entgegenstrebt
und die dem Feuer innewohnende Absicht berührt,
nennen wir ihn
eine Individualität...
eine Monade,
die fähig ist,
ihre Ausdruckskörper
zu meistern
die fähig ist,
Zeit, Raum, Energie, Materie zu meistern
und
wie ein Springbrunnen
des Erbarmens steht.

Hier
hört die Entwicklung
des Strahls nicht auf.
Eines Tages
ist es möglich,
dass er ein Himmlischer Mensch
genannt wird,
wenn er einen Planeten
als seinen Körper baut.
Er mag ein
Großer, Großer
Himmlischer Mensch,
ein Solarer Logos,
genannt werden,
wenn Er ein Sonnensystem

baut
und
ein Entwicklungsfeld für
Millionen von Leben bietet.

Die Legende sagt,
es gibt keine Grenzen
für die Möglichkeiten
des Strahls –
Alle Manifestationen
kamen ins Sein,
nicht weil ein Gott sie
«im Anbeginn» erschuf,
sondern weil
die Strahlen,
von der unsichtbaren Sonne ausgehend,
ihr Gesicht heimwärts wendeten
und auf ihrer Reise
Form auf Form schufen,
um das Geheimnis im Innern
der Materie,
im Strahl,
im Urfeuer
zu enthüllen.

So entstanden alle Formen, alle Planeten,
alle Sonnen,
alle Konstellationen,
alle Galaxien
und überhaupt alle
manifestierten Phänomene.

Diese menschliche Form
wurde nicht

von einem Gott
im Garten Eden
an einem Tag hergestellt...
Es war der Strahlenfunken
des Urfeuers,
der in
Millionen und aber Millionen von Jahren
schwerer Arbeit
die Form
entsprechend den Strukturen
innerhalb des Urfeuers baute.

Noch immer ist jeder Lebensfunken
damit beschäftigt,
neue Körper zu bauen,
neue Verkörperungen auf
immer höheren Ebenen.

Die Formen werden
als Mechanismen des Kontaktes
gebaut
um Eindrücke zu analysieren
und zum Ganzen zu fügen,
um eins zu sein
mit dem Ganzen,
aber doch seine
Individualität zu wahren,
eins mit allem,
aber doch getrennt zu sein.
Nur so kann der Lebende
sich selbst erkennen
als eins im Wesen,
aber vielfältig
im Ausdruck.

So sind,
mein Freund,
du und ich und alle anderen
ein Teil von allem
das existiert,
von allem
das Leben verursacht.

Niemand ist eine Insel
oder
eine von andern
getrennte
Form
oder Wesen.
Deine Wurzel ist
im Urfeuer.
Du bist das Feuer
im wirklichen Sinne,
und du gehst heimwärts zu Dir selbst.

All diese
Millionen von Jahren
erkanntest du dies nicht,
aber nun
kannst du fühlen,
dass
du ein Strahl
bist, der auf dem Rückzug
zum Urfeuer ist.

Viele, viele Millionen
von Formen
schufst du
während deiner verzweifelten
Suche

nach deinem Selbst – dem Feuer.
Und nun,
in dieser Phase kannst du
zurückschauen
auf deine Reise,
die in der Dunkelheit
des Raumes ihren Anfang nahm
und nun
dem Urfeuer
näher und näher kommt.

Mein Freund,
es macht große
Freude,
die Wirklichkeit deines Daseins
zu verstehen...
nicht nur
deiner eigenen,
sondern aller, aller, aller Existenz.

Alle Formen des Lebens
in allen Reichen
sind Strahlen,
hervorgebracht vom Urfeuer,
die Wurzel ist das Feuer,
du bist das Feuer,
sie sind das Feuer,
alle sind eins,
eins,
Eins,
EINS.

Ein Feuer
und die Strahlen...
Diese Tatsache ist die Quelle
aller Liebe,

allen Verstehens,
allen guten Willens,
aller Sanftmut,
allen Strebens,
Erbarmens,
aller Bruderschaft.

Diese Tatsache,
mein Freund,
formte Gruppen, formte Nationen,
Vereinte Nationen,
und wird Eine Menschheit formen.

Dann wird die Menschheit als ein Ganzes
zu höherem Ausdruck gelangen,
in eine höhere Dimension eintreten,
näher dem Urfeuer,
jenseits aller
Manifestation.

Die Menschheit wird dann
die Hierarchie des Planeten,
das Shamballa des Planeten sein
und wird höher
und höher ziehen.

Wenn so, mein Freund,
die Strahlen vom Planeten
bis zur Sonne reichen,
mit Weisheit und reicherer Erfahrung,
dann wird der Sonne
als Ganzes
ein Durchbruch
in ihrer kosmischen
Entwicklung

gelingen,
hin zum großen
Urfeuer,
aus dem Sie
als ein Strahl –
hervorbrach,
dann vor langer Zeit,
als ein Atom wirkte
und nun
als eine Sphäre
des Willens, der Liebe und des Lichts
zurückkehrt.

Unsere Sonne,
mein Freund,
ist eine Station auf dem Pfad
zum Urfeuer.
Unsere Sonne ist ein Strahl, ist ein Leben,
das zum Urfeuer zurückkehrt.

Unsere Sonne, mein Freund,
ist eine Tür,
ist ein Pfad
für all jene Strahlen dieses Systems,
die sich entfalten
und wieder nach Hause
zurückkehren.

Auf unserem Planeten
hat unsere Sonne
ein Auge,
und das ist
SHAMBALLA.

DIE LEGENDE VON SHAMBALLA

Von den sieben Bergen des Feuers,
von den sieben Ozeanen der Farbe,
von den sieben Wäldern des Altertums
kam die Legende
von Shamballa.
Die Wüste Gobi
war ein großer Ozean.
Inmitten des Ozeans
war eine Insel.
Sie wurde
das «Weiße Eiland» genannt,
da alle, die dort lebten,
Körper hatten,
die aus Lichtsubstanz
gebildet waren.
Die Ausstrahlung ihrer Körper
als Ganzes
erfüllte das Eiland mit Glanz,
und wie ein riesiger Diamant
schimmerte das Eiland
auf dem großen blauen Ozean.

Es hatte einen König,
von dem in allen
Legenden der Welt
berichtet wird.

Er hieß
Der Jüngling des Ewigen Frühlings,
der Alte der Tage,

Melchisedek,
der Mächtige König der Gerechtigkeit
und des Friedens,
Rigden Jyepo,
der Krieger,
der Initiator,
Bindeglied zwischen Kosmos und Planet.
Sanat Kumara.

Dieser Planet,
unsere Erde,
ist der Körper
des Alten der Tage,
ein großes Leben,
das auf dem Pfad Seiner
kosmischen Evolution ist.

Das Sonnensystem als Ganzes
ist der Körper
eines noch größeren Lebens,
das auf dem Pfad der Unendlichkeit wandert.

Im Körper des Sonnensystems
ist unser Planet
ein Zentrum,
ein Organ
des großen Sonnenherrn.

Auf Gebot
des Sonnenherrn
machen die Leben auf dieser Erde
eine einzigartige Evolution durch,
werden die Leben durch
große Karmische Gesetze
hierher gesandt,
um zu lernen,
sich zu läutern,
zu entfalten;
Leben vom Mond,
von anderen Planeten,
von anderen Sonnensystemen,
aus dem Weltall,

wo sie auf die Gelegenheit warteten,
ihre Entwicklung in
körperlicher Erscheinung
fortzusetzen,
und Lebewesen aus dem Tierreich,
welche die Stufe der Individualisierung erreichten.

Alle diese Leben,
60 000 Millionen an der Zahl,
erscheinen und
verschwinden zyklisch.

Es herrschte große Dunkelheit,
große Trägheit in den Herzen der
Menschen.
Die Erde war
sehr langsam
in ihrem Zeitplan
der Entwicklung.

Der Urälteste
beriet sich mit den Großen Herren,
den Manus und Herren des Mondes,
und erhob dann Seine Stimme;
er bat um Hilfe
von Großen Kosmischen Lebewesen.

Weit entfernt im Raum
wurde der Ruf gehört,
und hundertundfünf
feurige Wesen,
unter der Leitung
des Ewig Jungen,
antworteten dem Ruf

zum Dienst,
zum Opfer.

Sie verließen
ihren seligen Ort
sie kamen auf diese
Erde der Arbeit.
Sie stiegen nieder
auf die Insel,
die Insel der Schönheit,
der Stille, der Ruhe und Reinheit.

Zum ersten Male
in der Geschichte
dieses Planeten
hielt eine Gruppe leuchtender Wesen
eine Versammlung ab,
um die Entwicklung der Menschheit
und die Verklärung
des Planeten als Ganzes
zu besprechen.

Der Vorsitzende
war
der Urälteste,
welcher den Ewig Jungen,
Sanat Kumara,
zum Haupt
der Allerheiligsten Versammlung
ernannte...

Sie saßen
inmitten eines feurigen Regenbogens,
alle weiß gekleidet
und mit sieben Sternen

auf ihren Häuptern.
Sie überlegten und
erörterten neun Jahre lang
den Willen des Sonnenherrn.

Sie analysierten den Willen
und fassten ihn in
zwölf Gesetze:
Das Gesetz der Synthese,
das Gesetz der Anziehung,
das Gesetz der Abstoßung,
das Gesetz der Ökonomie,
das Gesetz der Zyklen,
das Gesetz der Schwingung,
das Gesetz der Bindung,
das Gesetz der Auflösung,
das Gesetz des Magnetischen Wirkens,
das Gesetz der Fixierung,
das Gesetz der Liebe,
das Gesetz des Opfers
und andere
Naturgesetze zu
den Hauptgesetzen.

Die Legende sagt,
sie teilten diese Gesetze
in sieben Gruppen
und legten damit den Grund
für die sieben
Hauptashrams,
wo die Großen
die Möglichkeit berieten,
wie diese Gesetze
anzuwenden seien,

um allen Reichen
Auftrieb zu geben
und um
die Menschenseele
als Einzelwesen,
als Gruppe
als Nation
und dann
als Eine Menschheit
zu erwecken.

Das Ergebnis dieser
feierlichen Studie
war der PLAN
für diesen Planeten.
So wurde der Wille des
Sonnenherrn
in die Absicht,
in den Plan übersetzt.

Die Legende sagt,
durch die Zeitalter hindurch
entwickelten die Großen
den Plan und passten ihn
den Bedürfnissen aller
Reiche des Planeten an.
Und mit der Zeit
bauten sie
große Universitäten
und Mysterientempel,
um die Menschheit auszubilden.

Die sieben Strahlen,
die sich aus den sieben
mächtigen Sternen

des Großen Bären ergießen,
waren die sieben mächtigen Ströme
der Eingebung
der Sieben Ashrams.

Der Plan wurde in
sieben Zweige
eingeteilt,
wie die sieben Farben,
wie die sieben Noten,
die sieben göttlichen Strahlen.

Sie nannten diese Zweige
Politik,
Bildung,
Philosophie,
Kunst,
Wissenschaft,
Religion und
Wirtschafts- und Finanzwesen.

Als der Plan fertig war,
erbaten sie Hilfe
aus Kosmischen Quellen
von Millionen
feurigen Wesen
die gerne Erfahrung sammeln,
Versuche machen
und dienen wollten.

Sie hatten viele
Namen:
Sonnenengel,
Feurige Denker,
die Söhne des Geistes,
die Beobachter,
die Schönen,
die Blumen der Liebe, der Freude, der Wonne.

Sie kamen und beobachteten
den Zustand des Planeten.
«Es ist zu früh, um ernstlich
etwas zu tun» sagten sie
und gingen.

Die zweite Welle von
Besuchern kam
nach vielen Jahrhunderten,
um zu sehen, ob sie etwas
für die Menschheit
tun konnten.

Sie beobachteten die Menschheit
und entnahmen aus ihrem
eigenen innersten Wesen
eine Flamme und setzten sie in die mentale
Substanz des tierischen Menschen ein.
Und zum ersten Male
war der Mensch fähig,
seinen Verstand zu gebrauchen
und zu wachsen.

Zeitalter vergingen,
und die dritte Welle von Engeln kam.
Und sie sahen die Flamme,
die von den früheren Engeln
gepflanzt worden war.
«Wir können
diese Flamme gebrauchen»,
sagten sie,
«als eine Station,
um dem Menschen zu helfen,
um ihn zu beobachten,
zu inspirieren und
ihn zu größerem Erwachen und
größeren Erkenntnissen zu führen.»

So stiegen sie herab
und traten in die
elektrische Sphäre
des Menschen ein.

Die Legende sagt,
viele Tausende von Menschen
konnten die Krafteinströmung
nicht ertragen,
die von diesen Engeln
ausgelöst wurde,
und ihr Gehirn
brannte aus;
aber jene, die
mit dieser Kraft
zurecht kamen,
hatten zum ersten Mal das erregende Erlebnis,
dass sie
die geistige Substanz
gebrauchen
und denken konnten.

Der Geist, der
in ihnen schlief,
erhielt einen großen Schock,
und der Zyklus
des Erwachens begann.

Alle Sonnenengel
sind Mitarbeiter
der Hierarchie,
der Gemeinschaft der Heiligen Wesen.
Jeder Sonnenengel
steht
als Vertreter

des göttlichen Plans
im Menschen.

Sie sind die Verkörperung
des Prinzips der Liebe.
Sie sind auch die
Vollstrecker der
Karmischen Herren
im Menschen.
All unsere Beweggründe
liegen offen vor ihnen.
Sie sind wachsame Augen,
keine Handlung,
keine gefühlsmäßige Reaktion,
kein Gedanke
kann ihnen
verborgen bleiben.

Die Herren der Flamme,
wie sie genannt wurden,
versuchten, mit
dem tief im Menschen verborgenen Funken
in Kontakt zu kommen.
Sie gebrauchten die Methode
der Meditation,
Eingebung und
Beeindruckung.

Zeitalter auf Zeitalter
erweckten sie im Menschen
größeren Widerhall,
größere Anstrengung,
und Streben.

Jene, die sehr schwer arbeiteten,
die im Geiste dienten,
wurden die
Mitarbeiter
dieser Engel,
um den Plan
auf allen Ebenen
der Schöpfung
zu fördern.

Als solch großer Fortschritt
für die Menschheit
erreicht war,
unternahm
die Hochburg,
Shamballa,
als eine Gruppe von
hundertundfünf
noch etwas.

Einige von ihnen
kleideten sich
in menschliche Form
und
schufen Gruppen, Rassen,
Nationen
und wurden deren
göttliche Herrscher.
Diese großen Wesen waren die
ersten
Könige
der Menschheit.

Sie organisierten große Arbeiten,
sie verursachten

große Spannung
zwischen den Rassen,
und die Menschheit
fühlte ihre Macht
und verehrte sie als Götter.

Es gab
sieben Häupter
und
sieben Zweige
menschlichen Strebens,
menschlicher Arbeit und Mühe.
Sie wählten besondere
Punkte der Erde aus,
wo wohltätige kosmische Strahlen
einander kreuzten
und Energiewirbel formten,
und auf diese Stellen
bauten sie
ihre großen
Bildungsstätten
für die sieben Zweige
menschlichen Lernens.
Große symbolische Tänze
wurden gepflegt.
Farben und Töne waren
in Gebrauch.
Schwere Arbeit und
Leiden wurden verwendet
um den Geist der Menschen
weiter zu erwecken.

Die Schulen, die sie errichteten,
entstanden nicht nur

auf körperlicher Ebene.
Sie hatten Schulen
auf astraler Ebene,
auch auf der Ebene
der niedrigen mentalen Stufe,
so dass die Menschheit
als Ganzes,
ob im physischen Körper
oder außerhalb des Körpers lebend,
eine Möglichkeit hatte,
auf dem Pfad
der Entfaltung
weiterzuschreiten.

Die Schulen waren
in drei Stufen eingeteilt,
die Unterstufe,
die Oberstufe,
und die Schule der Einweihung,
wo die heiligsten
Rituale und
Zeremonien
dargestellt und vorgeführt wurden.

Tausende von Jahren
vergingen,
und die menschliche Seele,
der menschliche Strahl,
begann zu blühen.
Einige Menschen traten
in Mysterienschulen ein
und unterzogen sich
der Disziplin und
Ausbildung,
von Leben zu Leben,
bis ein einziger aus einer Million
ein Jünger wurde,
der mit dem
König und
mit den Leitern der
Schulen zusammenarbeitete.

So
wanderten
die Pilger des Lichts,
Hand in Hand
auf dem Pfad
und wurden Eingeweihte
der kleineren
und größeren
Mysterien.

Als die Zahl der Erleuchteten
zunahm,
verließen die feurigen
Kumaras, einer nach dem anderen,
diesen Planeten

und begaben sich
in höhere Bereiche
unserer Galaxie,
um ihre feurige Reise
in die Unendlichkeit
fortzusetzen.

Nur sieben Opferbereite
blieben bei uns.
Drei von ihnen
dienen als die
esoterischen Kumaras,
als höhere Zentren
von drei göttlichen, ungenannten
Energien.

Die anderen drei
sind der Hierarchie und
der Menschheit verbunden,
und sie wechseln zyklisch.

Der Herr der Welt,
Sanat Kumara,
bleibt bei uns.
Er ist das große Opfer,
der Stille Beobachter,
der Initiator,
der König.

Unser Planet ist ein Organ,
oder ein Zentrum
im großen Sonnensystem.

Sechs unserer Kumaras
sind die Bindeglieder

zwischen sechs anderen Grundplänen
und unserer Erde.

Sieben Kumaras
sind sieben Flammen,
sieben Geister
vor dem Thron,
die sieben
Hauptzentren des
zeitlosen,
himmlischen Menschen unseres
Planeten.
Die Hierarchie,
wo das Prinzip
der wahren Liebe
am höchsten entwickelt wurde,
war ein von Kumaras
gebildetes Zentrum.
Nun, zum jetzigen Zeitpunkt
der menschlichen Geschichte,
formen Menschen, die
Befreiung
und
Meisterschaft
erreichten,
das Zentrum der planetarischen
Erziehung,
die Hierarchie.
Dies war ein großer
Sieg
für die Kumaras und die Menschheit.

Durch die Zeitalter
waren alle großen Lehrer
direkt aus der Hierarchie

entstammende Strahlen,
um die Botschaft, die ihnen
aus dem Herzen der Hierarchie
gegeben wurde
zu verwirklichen.
Alle großen Religionen sind
ein schwaches Echo ihrer
kristallklaren Stimmen,
die zu uns kamen, um uns
die Einheit des Lebens,
die heilende Kraft von Liebe und Schönheit,
den Wert der Arbeit
und des Strebens,
die Unsterblichkeit des Geistes
und den Pfad der Unendlichkeit zu lehren.

Alle Mysterienschulen in
der Vergangenheit wurden
von direkten Jüngern
dieser Großen gegründet.

Sie waren diejenigen, welche
die Wissenschaft des Regierens,
und Rechtswissenschaft lehrten.
Dies war die Wissenschaft
der Harmonie mit dem
Ziel des Herrn
von Shamballa.

Alle großen Führer,
die sich für das Ziel der Menschheit
einsetzen, sind
von Ihm inspiriert.
Wie die Zahl Seiner Jünger zunimmt,
wird Er der Eine sein,

der die Menschheit lenken wird
als der einzige König
für alle Ewigkeiten.

Sie waren die Wesen, die
die Kunst der Erziehung lehrten,
die Kunst, der Meisterschaft über
die Seelenkörper zu erlangen
und das Bewusstsein zum
Kosmos zu erweitern.

Sie waren die Wesen, die
Liebe zur Weisheit,
den Sinn des Lebens
und der Materie,
und die Beziehung zwischen ihnen lehrten.

Sie lehrten die Wissenschaft der Schönheit,
die Wissenschaft der Musik,
die Wissenschaft der Farbe,
die Wissenschaft der Bewegungen,
die Wissenschaft der Schönheit in der Form.

Dies war die Wissenschaft
die schlummernde
Schönheit in
jedem Menschen zu erwecken.

Sie waren die Wesen, die
praktische Wissenschaft lehrten:
Wie man Feuer macht,
wie man pflanzt,
wie man das Rad,
den Hebel,
das Wasser,

die Erde,
die Luft gebraucht.
Alle Wissenschaften
die uns gegeben wurden,
sind Seiten
aus dem Buch des Lebens –
die geheime Lehre der zeitlosen
Weisheit in Shamballa.

Jeder aufrichtige Wissenschaftler
weiß in seinem Herzen,
dass Blitze von Licht
sein Denken
erhellen,
wenn er
alles Menschen-
mögliche tut
anderen zu helfen,
und seinen Geist
zum Frieden erhebt
und wartet.
Shamballa
sendet feurige Botschaften,
goldene Saat
von Weisheit und Wissen
zu all jenen,
die ihr Denkvermögen
in wahrer Meditation entwickeln
und
lernen, in die Wirklichkeit
des Friedens einzudringen.
Sie waren es
die uns
die Kunst der Anbetung, der Hingabe,

die Kunst der Aspiration
und der inneren Erhebung lehrten.

Große Tempel wurden
von den Meisterarchitekten errichtet.
Jene, die die Pyramiden bauten,
waren die Jünger der
Großen Meisterarchitekten.
Darum können wir
bis heute nicht
die Geheimnisse
ihres Wissens lüften.

In großen Tempeln
lehrten sie die
Mysterien des Lebens
durch dramatische Bewegungen,
durch Farben und Musik.
Sie lehrten
die großen Rituale,
die Wissenschaft der zeremoniellen Magie,
Wirtschafts-, Arbeits- und
Betriebswissenschaft.

All dies
lehrten sie,
und als sie sahen, dass
ihre Jünger
den Vorgang der Erleuchtung
weiterführen konnten,
zogen sie sich
in Berge und
Dschungel zurück
und bewahrten ein wachsames
Auge auf die Angelegenheit der Menschheit.

Jeder der sieben Bereiche
menschlichen Strebens
steht unter der Führung
eines großen Herrn,
der als eine Quelle der Eingebung
wirkt,
ohne
den freien Willen
der Menschheit zu beeinträchtigen.
So wirkt die Hierarchie
als Quelle der Eingebung
und
als feuriger Schutzwall für
die Menschheit.

Die Legende sagt,
die Meister kennen
die Geschehnisse auf der Welt
besser als jeglicher
Mensch auf Erden.

Viele Fehlschläge und Erfolge
hat die Menschheit registriert,
doch immer wurde in die Dunkelheit
der Geschichte der Menschheit
von den Brüdern der Menschheit
ein Licht geworfen,
das Leuchtfeuer von Shamballa
führte uns immer –
führt uns immer –
bis das letzte Schiff
seinen Weg zu
seiner hohen Bestimmung findet.

Shamballa, Shamballa,
wo die Kosmische Absicht
bekannt ist.
Shamballa, Shamballa,
Magnet des Lichts, der Liebe,
des Willens und der Macht,
Magnet, der
alle Atome,
alle Zellen,
alle Menschen,
alle Nationen
zur Zukunft,
zu großen und
immer größeren Leistungen
und Meisterschaft hinzieht.
Shamballa!
Shamballa!
Des Vaters Haus,
wohin jeder
verlorene Sohn
zurückkehren wird.

O sage mir, Du Weiser,
wo ist jetzt Shamballa?
«Shamballa, die Hochburg,
ist im Raum,
erbaut aus feinstofflicher ätherischer Substanz.
Shamballa
ist auch auf der Erde,
in einem verborgenen heiligen Tal.
Shamballa
im Raum
ist ein Diamant,
emporgehoben aus dem großen Ozean
in den Raum.
Es steht als
Pyramide, aus Strömen
feuriger Energien erbaut.
All seine Paläste
sind aus Lichtsubstanz
gebaut.
Es ist jenseits der Wolken,
aber in direktem Kontakt
mit all
seinen Mitgliedern, Eingeweihten
und Jüngern,
auf welcher Ebene und
auf welchem Fleck der Erde
sie auch leben mögen.»

Da ist Er, der Kumara; wie eine diamantene Seele
schließt Er nie die Augen.
Er verfolgt jede Flamme
des Geistes,

die aus der Dunkelheit
ins Licht kommt.
Er spürt die Arbeit
und das Bemühen
Seiner geliebten Wesen,
die, Zeitalter um Zeitalter,
Zeit, Raum, Materie und Tod
zu meistern versuchen.

Er zeichnet die Namen all
jener auf,
die sich um
Gerechtigkeit,
Frieden,
Schönheit,
Reinheit
und Licht bemühen,
und in seltenen Augenblicken
sendet Er
in einem Strahl von Licht
Seine Freude
in ihre Herzen.

Die ganze Menschheit,
sogar
alle lebenden Formen
sind als Seine Kinder
anzusehen.
Er sorgt sich um jede
Flamme des Lebens,
leitet sie,
Zeitalter um Zeitalter,
zu dem Pfad,
der nach Hause führt.

Alle Rassen aller Farben,
alle Stämme,
alle Religionen,
alle Glaubensformen,
alles Wissen
sind für Ihn
verschiedene Gärten,
wo Seine Kinder
lernen und zur Reife
heranwachsen.

«Unter dem
himmlischen Zentrum,
auf Erden, da ist auch
Shamballa,
wohin Eingeweihte und große Jünger
eingeladen werden
sich auszuruhen
und sich aufzuladen,
um wieder
auf das Feld
größerer, schwererer Arbeit
zurückzukehren.
Niemand kann
die Tore von Shamballa betreten,
ehe er nicht
den Ruf von Shamballa empfängt.
Shamballa
ist das Paradies
auf Erden;
Bäume und Blumen von seltener Schönheit,
Musik von Düften und Farben,
Symphonien von Wasserfällen,
und unwandelbarer Friede.

Elektrische Wände von vielen Meilen
schützen
die Tore von Shamballa,
feurige Stürme
umgeben die
unterirdischen Gänge
nach Shamballa.

Viele Diener der Menschheit
besuchten dort,
wenn sie ihr Äußerstes
der Menschheit gaben
und den heiligen Ruf
«Kalagiya» hörten:
Komm nach Shamballa!
Auch jetzt
sind viele auf dem Weg nach
Shamballa.

Jene, die nach
Einheit der Menschen
streben,
jene, die nicht
andere Wesen
ausbeuten, sondern
ihnen dienen und sich opfern,
jene, die
jede Flamme in jedem Herzen verehren,
jene, die nicht mehr
besitzen,
nicht mehr versklaven wollen,
jene, die nicht mehr
mit der Eitelkeit ihrer Rasse,
Nation oder Religion belastet sind,

sondern den Werten der
Menschheit
den Interessen der einen Menschheit offen sind,
sie sind auf dem Weg
nach Shamballa –»

Kann ein jeglicher
von uns Menschen
sich dem großen himmlischen Machtzentrum,
der Hochburg, nähern, o Weiser?

«Es ist möglich,
wenn du mit deinem
innersten Wesen
Kontakt aufnimmst,
dann gibt dir der
in deinem Herzen wohnende
Meister, der deine Entwicklung
durch die Zeitalter hindurch
beobachtet, die Gelegenheit,
den äußeren Hof von
Shamballa zu besuchen,
wo du
die ätherische Statue
Christi sehen kannst,
des ersten menschlichen Wesens,
das
auf Seinem Marathonlauf der
Entwicklung
des Vaters Haus, die Hochburg,
erreichte
und die Stimme
des Ewig Jungen hörte –
«Mein geliebter Sohn, der Auferstandene.»

So wurde Christus
durch seine Leistung
zum Weg zwischen

der Menschheit und
des Vaters Haus.
OM. OM. OM.
Ehre sei Ihm!

Er hat im Osten
verschiedene Namen.
Er ist der Kalki Avatar,
der Bodhisattva,
der Maitreya,
Imam Mahti,
der Priester auf ewig vom Orden
des Melchisedek,
der Christus,
das Verlangen aller Nationen.»

Shamballa
hat vier Tore
und drei Türen.
Das erste Tor ist
EINSAMKEIT,
das zweite ist LOSLÖSUNG,
das dritte ist
ISOLIERTE EINHEIT,
das vierte ist LÄUTERUNG.
«Dies sind die vier Wege,
die sich vor dem Jünger des Herrn
der Welt ausdehnen.
Sie müssen alle beschritten werden,
bevor das innere Wesen
erlöst wird
und die befreiten Söhne Gottes
wenn es ihr Wunsch ist
durch die vier Tore
eintreten können.»

EINSAMKEIT, das erste Tor,
ist das Zurückziehen
der menschlichen Seele
von physischen,
emotionalen
und mentalen
Interessen.
Sie ist ein ganz starker
innerer Brennpunkt
wenn nichts sonst
für dich vorhanden ist
als die Vision der göttlichen Heimat,

der Gipfelpunkt
menschlichen Strebens.
Schritt für Schritt
erklimmst du
den Pfad des Schweigens...
den Pfad, auf dem
du nur
auf das
bauen kannst,
was du selbst bist...

LOSLÖSUNG ist
das zweite Tor
wenn nicht länger
irgend jemand oder
irgend etwas
deine Füße
auf dem Pfad
aufhalten kann.

Die Spielsachen
deiner Kindheit
lässt du eine nach der andern
hinter dir,
manchmal sogar mit
der Perle einer Träne,
aber du setzt deinen Aufstieg
in immer größerer Freude fort!
Dies ist der Pfad der Freiheit.
Wenn du
fühlst
und erkennst,
dass du
ohne die Fesseln

so mancher Dinge auskommen kannst...
dann stehst du
in der Sphäre
deines Lichtes, deiner Liebe und Kraft,
ohne dass du eine Reaktion
von den Gegenständen,
den Ebenen,
den Banden der
Vergangenheit hervorrufst.
Wenn du den Zustand
des Loslassens der Seele erreicht hast,
liebst du die Menschen immer noch,
aber du lässt
die Trägheit,
die Verblendungen
und die Illusionen
ihrer Persönlichkeit
nicht den Lotos deines Wesens berühren.

Dies führt dich näher
zum dritten Tor,
der ISOLIERTEN EINHEIT.
Du bist eins,
aber isoliert,
wie die Blätter des Lotos
auf dem Wasser
des Sees.
Du bist eins mit dem innersten Wesenskern,
aber du hast nichts zu tun mit
den Hüllen der Menschen.
Du hörst,
du weißt –
aber,
du bist still.

Keine Gefühlswallung aus
der Welt unter dir
kann
irgendeine
Reaktion
aus dir
hervorlocken.
Du lebst auf der Ebene
der
befreiten Söhne
Shamballas
und nimmst Wonne, Freude, Licht und Erbarmen
auf
und strahlst sie wieder aus,
in alle Richtungen zu allen Wesen.
«Du bist in der Welt
und doch nicht von der Welt.»

Isolierte Einheit
bringt dich zum vierten Tor,
REINHEIT.
«Gesegnet sind jene,
die reinen Herzens sind,
denn sie werden Gott schauen.»
Auf diesem Pfad werden nicht nur
all unsere Körper der Manifestation,
sondern auch
all unsere Beweggründe geläutert,
und unser Herz
ist ein Tempel
des Allerhöchsten.

Nur durch solche Reinheit
kann der
Krieger des Lichts
in die Tore von Shamballa
eindringen.

Vier Tore,
das Fundament – das Shamballa,
auf dem
die Heilige Pyramide
von Shamballa
in den Äther
hinaufragt –
leuchtend als mächtiger
Diamant
mit drei rubinroten Türen.

Drei Türen von
Shamballa
führen den Eingeweihten
tiefer
in die
Ratskammer des Herrn.

Die erste Tür
öffnet sich auf das Erdgeschoss,
um das viele Paläste
des «Vaters» aufragen.
Diese Tür wird
DIE TÜR DER VERNUNFT genannt.
Vernunft ist das Licht der Eingebung,
klares Wissen,
durch das man die Dinge sieht
wie sie sind.

Diese Türe wird jenen geöffnet,
die durch die Zeitalter hindurch
die Fähigkeit bewiesen,
die Dinge zu sehen,
wie sie sind.
Durch die Äonen der
Erfahrung
und Arbeit
wird es ihnen schließlich möglich,
den Brennpunkt ihres Bewusstseins
auf eine derartige
Kraftintensität zu erhöhen,
dass es den Menschen
befähigt,

sich der Tür zu nähern
und sogar
hindurchzuschreiten.

Äußerste Gefahr besteht
für den Menschen,
der mit verzerrtem Spiegel
des Denkvermögens
durch diese Tür
einzutreten versucht.

In die Sphäre von
Shamballa
kann keine Täuschung,
keine Verzerrung der Wahrheit eindringen.
Wenn die reine Vernunft
erreicht ist,
erkennt
der Wanderer auf dem Pfad
zum ersten Mal in seinem Leben
die Bedeutung der Liebe.
Er wird zu einem
Strom göttlicher Liebe
und mündet
in den Ozean des Erbarmens ein.

Die zweite Tür ist
DIE TÜR DES WILLENS.
Der Wille
ist die Flamme des Geistes,
er beharrt,
er erträgt,
er bemüht sich
und er meistert.

Alle Hindernisse
helfen dem Feuer des Willens
zu wachsen.
Der Wille
spiegelt die Absicht
des großen Herrn
wider,
und sobald die gespiegelten
Bilder
klar werden,
wächst der Wille
ums Zehnfache.
Wenn der Wille in den
Sinn eindringt,
wird der Mensch ein Teil
des göttlichen Planes.

Jede Tat des Ausdauerns
auf dem Pfad
des Guten,
auf dem Pfad der Schönheit,
auf dem Pfad der Wahrheit
kürzt den Weg
zwischen dem Menschen
und der Tür des Willens.
Jede Tat des sich Bemühens
jede Tat der Selbstmeisterung,
jede Tat des Opfers
baut Brücken auf dem Pfad
nach Shamballa.
Jede Tat des Ertragens,
jede Tat der Geduld
lässt dich
die Herzenswärme

des Großen fühlen,
der deine Schritte
auf dem Pfad beobachtet,
und du flüsterst
tief im Herzen:
«Nicht mein, sondern Dein Wille geschehe.»

Die dritte Tür
Shamballas
ist die Tür
des MONADISCHEN SINNS DER
WESENTLICHEN ZWEIHEIT.
Ein Name, ein Symbol
für etwas sehr Reines,
jenseits unseres
Verstehens.

Aber als Menschen können wir sagen:
Wenn du einen Zustand
der Entfaltung erreichst,
in dem du dich
zum ersten Mal
von der stofflichen Ebene trennen kannst
und die Materie als Nicht-Selbst,
und dich selbst
als das Selbst sehen kannst,
als individualisierter Teil des Raumes
außerhalb jeder Verkörperung, jeder Form
in der du dich
gerade befinden magst,
dann bist du
der dritten Tür von
Shamballa nähergekommen.

Drei Türen,
vor denen
feurige Engel
Wache halten.
Drei Türen,
drei elektrische Kraftfelder,
durch die niemand gehen kann,
ehe er nicht die
Spannungsstärke
dieser Türen erreicht hat.

Diese drei Türen
spiegeln sich
in unserm Kopf wider,
der Zirbeldrüse,
der Hirnanhangdrüse und
dem Hauptschlagader-Drüsenkörper
und dann in den entsprechenden Zentren
in der ätherischen Sphäre.

Wenn ein Eingeweihter
durch diese drei Türen schreitet,
so wird uns gesagt,
dann sieht er das Leben,
alle Ereignisse,
alle Vorbestimmungen,
alle Weisheit,
alle Tätigkeiten,
und alles,
was die Zukunft
an Dienst
und Fortschritt
bereithalten mag
vom Gesichtspunkt
der reinen Vernunft,

des wahren, geistigen Willens
und der
höchstmöglichen –
konzentrierten Beziehung.
Das Mysterium der
Beziehung
wird ihm enthüllt.

Dann tritt der vollständige
Entwicklungsplan und
die Absicht des Einen,
in Dem er lebt, sich bewegt
und sein Dasein hat,
klar vor seine Augen;
er braucht in dieser
irdischen Sphäre
nichts mehr zu lernen:
er ist universal
in seiner Einstellung
allen Formen des Lebens
gegenüber geworden
und identifiziert sich
auch mit der
‚Isolierten Einheit'
Sanat Kumaras.

Die Legende sagt,
in Shamballa sind
sehr, sehr Große.
Sie werden die
«Himmlischen Drei» genannt,
«Die Strahlenden Sieben,
die Leben, die
neunundvierzig Feuer verkörpern,
die Buddhas der Tätigkeit,
gewisse Ewige Geister von der Venus,
vom Sirius, von
verschiedenen Sternbildern
und einigen Chohans
vom Ersten Strahl –»
All diese gehören zur
Ratsversammlung von
Shamballa.
All diese Mitglieder
sind große, große
Eingeweihte.

Ein Eingeweihter
ist ein Zentrum
von Energie,
ein Springbrunnen von
Energie,
ein Empfänger von solaren und
kosmischen Eindrücken.
Jeder Eingeweihte
ist auch ein
Sender.

Alle Mitglieder
der Hochburg
bilden zusammen
einen Wirbel
unermesslicher Energie.

Energien die
aus planetarischen,
solaren und
kosmischen Quellen kommen
ergießen sich in
den großen Kelch
von Shamballa.

Diese Energien,
aufgeladen mit der feurigen Absicht
des Herrn der Welt,
bilden die Quelle von
Weisheit und Macht
der Hierarchie
und die Leitfackel
der Menschheit.
Diese Energien als Ganzes
bilden die
Energie von Shamballa –
die
über Äonen
durch die Mitglieder
der Hierarchie als Ganzes
mit der Menschheit
in Kontakt kam;
aber einige wenige Male im Lauf der Geschichte,
führte ihr Weg an der
Hierarchie vorbei,
und sie strömte direkt zur Menschheit nieder.

Die Legende sagt,
als sie sich zum ersten Mal auf die Menschheit
ergossen,
schufen sie die rechten Bedingungen, damit
das Prinzip des Denkens in den
tierischen Menschen eingepflanzt werden konnte.
Dies wurde die Geburt
der menschlichen Seele,
die ihn aus jahrtausendelanger
Trägheit und
Schlaf erweckte.

In den Tagen von Atlantis,
als die Menschheit
unter die Herrschaft der
Kräfte des Materialismus geriet,
löste Shamballa einen
anderen Energiestrom aus,
und Atlantis, das von bösen Mächten besessen war,
ging unter.
Der große Führer
zu jener Zeit
erhielt den Auftrag,
die Gläubigen zu retten.

Alles, was damals in Atlantis war,
liegt heute
unter dem Schlamm des
Ozeans.

Die Berührung mit der Energie
von Shamballa wurde
1425,
1825,
1900

spürbar,
was großen Fortschritt
in allen Bereichen
menschlichen Strebens mit sich brachte.
«Sie erweckte
die menschliche Denkkraft in neuer,
umfassender Weise
und ließ
große
Ideologien
entstehen.

Sie erregte das geballte Verlangen...»
und fachte auch
die Feuer der Zerstörung
auf den drei Ebenen
menschlichen Strebens an.

Der große Krieg
1914-1945
war die Reaktion der Menschheit
auf diese Kräfte.
Die Energie von Shamballa
ist zerstörend,
wenn auf dem Pfad der Entwicklung
Hindernisse vorhanden sind.
Es ist die menschliche Reaktionsweise
oder Antwort, die
die Energie entweder zerstörerisch macht
oder zum Vermittler von
Auferstehung und Befreiung werden lässt.
Sie verursachte Krieg,
setzte aber auch die Energie des Atoms frei,
formte die großen Vereinten Nationen,

formulierte die Menschenrechte,
die vier Freiheiten
und das Zeitalter
des inneren und äußeren Raumes,
ein Zeitalter der Universalität
und weltweiter Kommunikation.

Die Energie strömte
1975
von neuem herab.
Es wird uns gesagt,
eine große Zerstörung
begann auf der Mentalebene.
Alle Gedankenformen
der Getrenntheit,
des Totalitarismus,
der Ausbeutung und
der Sklaverei
sind unter dem feurigen Hammer
dieser Energie.
Wie ein brennendes Feuer
reinigt sie
die verschmutzte Sphäre des
menschlichen Denkens
und bereitet das
Zeitalter der geistigen Gesundheit,
der Freiheit, Liebe und Schönheit vor.

Dieser Brand hinterlässt
Asche und Abfall,
welche wir in den heutigen
mediumistischen und spiritualistischen
Bewegungen und in falscher Politik sehen können.

Niedere Medialität,
in all ihren Formen,
Hexerei,
Hypnose,
Schwarze Magie und
Kommunen, die sich der
Sexualität und der Eitelkeit verschrieben haben,
sind die Überbleibsel
dieser großen Zerstörung
auf der geistigen Ebene.

Die Rohre für den
Energiedurchfluss des
neuen Zeitalters müssen
ausgewaschen werden,
bevor wir
das klare Wasser
zeitloser Weisheit
erhalten –
die Perlen des
Lichts
und der Schönheit
von Shamballa.

Die Menschheit verzeichnete einen
großen Fortschritt.
Wegen der zunehmenden Zahl von
Söhnen des Lichts
wurde der dritte Weltkrieg
aufgehalten,
trotz der
Bestrebungen der Mächte
der Dunkelheit.

Neue Brücken
sind zwischen großen Mächten
errichtet worden.

Die Vision der einen Welt,
der einen Menschheit
steht der Jugend nun
so klar vor Augen,
dass selbst der geistig Blinde
dies fühlen kann.

Die Macht der Einheit
wird die Kräfte der
Uneinigkeit überwinden.

Der Mensch wird sich mehr und mehr
als ein Weltenbürger fühlen.

Der Mensch wird
alle Menschen lieben,
nichts wird sich zwischen
Mensch und Mensch stellen,
nicht Farbe,
nicht Religion,
nicht Geschlecht,
nicht irgendeine Weltanschauung,
nicht Materie,
nicht Stellung,
nicht Geld,
nicht Entfernung,
nicht Zeit,
nichts, nichts
wird zwischen
Mensch und Mensch,
zwischen Nation und Nation kommen.

Die Wurzeln der Trennung
sind schon durchgeschnitten.

Warte und sehe, wie die

Zweige des Hasses und
die Blätter der Gier vertrocknen.

Es wird einige Zeit dauern,
die Brüder der Dunkelheit
werden vergeblich versuchen,
den entwurzelten Baum
von neuem zu beleben...
Ihre Anstrengung
wird sie ihr Versagen
lehren.

Schon wird in den feinstofflichen Sphären
des höheren Denkvermögens
großer Denker,
großer Liebender,
großer Schöpfer
der Tempel der Menschheit
gebaut.

Die Menschheit fand ihren Weg
nach Hause,
auf dem Wege
rechter menschlicher Beziehungen,
auf dem Wege
des guten Willens,
des Teilens,
der Duldsamkeit,
des Verständnisses
und der Freude.
Die Arbeiter sind überall,
in allen Nationen,
in allen Ländern,
in allen Rassen.

Die große Arbeit
schreitet voran,
und der Tempel der
Einen Menschheit
ist im Bau.

Feurige Ingenieure von
Shamballa
beobachten die Arbeit.
«Durch Menschenhände,
durch Menschenfüße
wird der Tempel
errichtet werden»,
wo Liebe
die Oberhand gewinnt
und alle Menschen
einander lieben.

Die Legende sagt,
im Jahr
2000
wird es zu einem
großen Herniederströmen
der Energie von
Shamballa kommen,
was das Zeitalter des
Wassermanns in seiner Schönheit
einweihen wird.
Brüder und Schwestern,
sorgt euch nicht,
größere Tage warten auf uns.
Wir weinten lange,
wir litten lange,
aber das Zeitalter der Freude
steht vor uns.

Das Zeitalter großer Musik,
das Zeitalter göttlicher Architektur,
das Zeitalter von Farbe und Bewegung,
das Zeitalter der Mysterien der Einweihung,
das Zeitalter größerer
Wunder der Wissenschaft
steht vor uns.

Stell dir vor:
Die Meister der Weisheit
werden wieder
den Menschen begleiten.
Sie werden die
Macht der Meisterschaft zeigen,

die Schönheit des Lebens,
die Freude unaufhörlichen
Fortschritts,
den Blitz der Unendlichkeit...
Stell dir vor,
dass der Große erscheinen wird,
Christus, der Herr,
und dass Er die
feierlichen Zeremonien der
Einweihung
in den Tempeln der Freimaurer,
in den Kirchen der Gläubigen
und in den
Zentren großer Schönheit
ausführen wird.

Die Macht von
Shamballa
läutert
den Pfad zur
Herrlichkeit der menschlichen Seele.

Der Mensch ist eine seltene Schönheit.
In ihm ist ein Kosmos.
Eine Unendlichkeit ist in ihm.
Da sind ungehörte,
ungesehene
Symphonien und Farben in ihm.

All dies wird nach und nach zum Vorschein kommen,
wenn der große Herr
uns zum Mysterium der Einweihungen erweckt.

«Es ist die Energie von
Shamballa,

die den Weg
für die Energie
der Hierarchie vorbereitet».
Zyklisch strömt die
Energie aus Shamballa
in die Hierarchie ein.

Und die Legende sagt,
die Mitglieder der Hierarchie
haben es oft schwer,
sich der Spannungsintensität
des Kontaktes anzupassen.

Solch ein Kontakt
verursacht
große Veränderungen
in den Plänen und der
Programmierung der Hierarchie,
Wechsel in den Ämtern,
neue Einweihungen,
neue Befreiungen.

Einige der Mitglieder
ziehen vor
zu den Sphären höherer
Evolution zu gehen.
Als Ergebnis dieser Veränderungen
werden Jünger aus der Menschheit
in die Hierarchie eingeweiht.

Die Methoden des Unterrichts
und der Kommunikation wechseln
und den Jüngern der Welt
wird größere Verantwortung
gegeben.

Alle Ashrams sind
davon betroffen.
Der Unterricht wird
bis auf den heutigen Tag angepasst,
in Harmonie
mit dem Plan
und mit den Absichten
des Herrn der Welt.
Dieses Leben, mein Freund,
ist nicht ein Ergebnis
blinder Kräfte.
«Nichts geschieht
durch Zufall.»
Große Baumeister
beobachten die Arbeit
der Menschheit,
und größere Tage der Freude,
der Gesundheit,
des Wohlstandes
kommen auf uns zu.

Setze kein Vertrauen
in die Prophezeiungen,
die dir sagen,
dass das Ende der Welt
nahe sei;
die dir von
der Hoffnungslosigkeit
aller guten Werke, aller Bemühungen
um den Frieden, aller Anstrengung
guten Willen zu verbreiten künden,
die dir von der
Grausamkeit des Menschen erzählen.
Glaube ihnen nicht,

sie sind die Propheten der
Dunkelheit.

Der menschliche Geist ist immer
siegreich,
wird es immer sein.
Die Menschheit ist ein blühender
Busch,
ein sich öffnender Lotos,
ein aufgehender Stern;
unser Schicksal ist in
unseren Händen,
unter den wachsamen
Augen des
Kapitäns von Shamballa.

Verbreite die Nachricht der Freude,
verbreite die Ideen der Einen Menschheit,
verbreite die Gedanken der
Brüderschaft von Engeln und
Menschen.

Singe:
«Im Wesen eins sind alle Menschensöhne,
und ich bin eins mit ihnen.
Möge innere Schau und Einsicht kommen,
und unverhüllt die Zukunft sein.
Lasst innere Einheit uns bekunden
und ganz vergessen, was uns trennt.»
Singe dieses Lied
durch deine Gedanken,
durch deine Schriften,
durch deine Gefühle,
Taten
und Beziehungen.

Lass die Menschen dich hören.
Sage ihnen,
Christus ist auf dem Weg,
sage ihnen,
die Morgenröte ist nur noch
wenige Minuten entfernt.
Gib ihnen Freude,
denn nur in der Freude kann
die Vision verstanden
und die Arbeit weitergeführt werden...
Freue dich!

Die Legende sagt:
Shamballa
schenkt
der Menschheit
drei Gaben.
Eine ist GELEGENHEIT.
Wenn die göttliche Energie
sich ergießt,
baut sie
eine Brücke,
bildet sie eine Kommunikationslinie
zwischen dem, den sie berührt,
und dem Tor, aus dem sie
herniederströmt...
Sie reinigt
und erhebt die Feuer
deines Seins.
Sie lenkt deinen Blick auf dich selbst,
auf dein wahres Gesicht
und deine Lebensumstände.
Sie lässt dich
die Zukunft sehen, die Vision...
und so bietet sich dir die Gelegenheit
dich selbst zu übertreffen,
die Last der Jahrhunderte
hinter dir zu lassen.

Gelegenheit kommt für alle Menschen
vorwärts zu schreiten
und wiedergeboren zu werden,
im Geist,
oder den Strom der Läuterung zu durchqueren

oder als Gruppe
den Berg
der
Verklärung
zu ersteigen.

Die Gelegenheit kommt
für alle Eingeweihten,
den glühenden Sand der Wüsten
zu durchschreiten,
den Lockungen der Materie
zu entsagen...
und den Kelch des Öls
zu Füßen des Herrn
zu zerbrechen.
Die Gelegenheit kommt
für alle Siegreichen,
den Ruf des Sirius
zu vernehmen
und ein Mitglied
der Gemeinschaft
der Brüder der Menschheit –
der Hierarchie,
zu werden
und näher dem Licht
von Shamballa
zu wirken.
Der Ruf von
Shamballa ist...

Schreite vorwärts auf dem Pfad
der Selbstbemühung,
der Arbeit und
des Opfers,

und die Türen höherer Reiche warten in diesem
Augenblicke,
auf deine Schritte.

Die Gelegenheit kommt für
alle Nationen,
ihre Wohnungen zu reinigen,
die trennenden Wände niederzureißen,
neue Brücken
der Kommunikation und des Dialogs
zu bauen,
die überalterten, abgenützten
Systeme der Ausbeutung
hinter sich zu lassen.

Die zweite Gabe
ist
ERLEUCHTUNG,
die Zerstörung von
«avidya» –
Unwissenheit.
Unwissenheit ist Identifikation,
verhaftet-sein
Wechsel der Polarität vom Positiven zum
Negativen.
Unwissenheit ist
fehlende
Kommunikation
mit dem
Leben des Universums.
Unwissenheit ist
sich verschließen
und wie eine Flasche
im Ozean treiben lassen.

Vidya
ist
Wissen,
das zur
Erleuchtung führt.

Wissen ist
das zunehmende Licht.
Du brauchst nicht zu lernen
um zu wissen.
Du weißt, weil du dich entfaltest.
Du befreist,
du erlöst dein
Selbst.

Shamballa...
Sei gegrüßt!

Die Energie von Shamballa,
der Blitz
bringt ERLEUCHTUNG
weil
er die jahrtausendelang
angehäufte Dunkelheit vernichtet.
Er zerstört die Ketten,
die das Selbst an die Materie binden.

ERLEUCHTUNG...
wenn alle Lichter
am Christbaum
deines Selbst
in ihrer richtigen Farbe
und ihrem wahren Glanz
erstrahlen,
bilden sie einen Kelch

für die Segnungen
des Herrn von Shamballa.

Erleuchtung
ist Mut,
ist Kühnheit,
Demut und Ausdauer.
Sie ist
Dankbarkeit,
Mitgefühl,
Einfachheit,
Gelassenheit
Erleuchtung ist die Geburt der Seele,
Erleuchtung ist die Fähigkeit zu sehen,
Erleuchtung ist der Kontakt
zur größeren Seele
in jedem
Menschen.
Erleuchtung geschieht
stufenweise.
Wir finden Erleuchtung
im Bereich der Persönlichkeit,
der Seele
und des Geistes.
Es gibt
planetarische,
solare, galaktische und kosmische
Erleuchtungen.

Die Erleuchtung der Persönlichkeit erlangt man,
wenn man mit dem inneren transpersonalen Selbst
dem inneren Führer in Kontakt kommt.

Auf dieser Stufe
werden die Körper der Persönlichkeit

allmählich geläutert,
und die Energie der
niederen Zentren
wird von den höheren
aufgenommen.

Auf der zweiten Stufe
der Erleuchtung
findet und sieht sich die
menschliche Psyche
als eine Seele,
die vom Glanz
des inneren Führers
erfüllt ist.
Sie wird zu einer leuchtenden Schönheit,
einer Quelle der Weisheit
in der Welt der Menschen.

Auf der dritten Stufe
der Erleuchtung
nimmt sich die
menschliche Psyche als
das Selbst wahr,
und meistert alles, was
nicht das Selbst ist.

Auf dieser Stufe
wird sie zu einer Quelle der
Kraft
und befähigt den Menschen,
auf dem Pfad zu stehen.
Sie wird eine Quelle der
Schöpferkraft und Führerschaft.
Auf der Stufe planetarischer Erleuchtung,
so wird uns gesagt,

umschließt die Bewusstheit der Psyche
alle Reiche der Natur.

In Solarer Erleuchtung
umfasst ihre Bewusstheit
alle Zentren,
die innerhalb des solaren Ringes liegen,
der noch nicht überschritten werden kann.

Auf der nächsten Stufe
der Erleuchtung
trittst du in die
Bewusstheit des Lebens
der Galaxie ein.

In der kosmischen Erleuchtung
trittst du in
die Freiheit, die Seligkeit
des Raumes ein.

In jeder Erleuchtung
öffnet sich die Monade
das wirkliche Du,
wie ein Auge,
Stufe um Stufe,
und du wirst das
allsehende Auge.
Erleuchtung ist Freiheit
auf die Unendlichkeit zu.
Erleuchtung ist die Fähigkeit
Unendlichkeit
in dein Leben
zu bringen –
Unendlichkeit

durch alles, was du tust,
auszudrücken.

Die Gabe Shamballas...
ERLEUCHTUNG...
wir öffnen unser Wesen
in aller Demut,
Sehnsucht
und feurigem Streben
für deine Gaben, Shamballa.

Die dritte Gabe
Shamballas heißt
BRUDERSCHAFT.

Die Energie Shamballas
wirkt zerstörerisch
auf alle trennenden
Elemente.
Sie wirkt zerstörerisch
auf alle jene,
die in ihrem Herzen und im Denken
Elemente des Hasses,
der Trennung,
der Selbstsucht tragen.

Je mehr das Wassermannzeitalter
seine Ausstrahlung
in die Sphäre unserer Welt
verstärkt,
umso schwieriger
wird es werden,
Hass zu empfinden und gesund zu sein,
trennende, selbstsüchtige Gedanken zu hegen
und geistig gesund zu sein,

Gier und
den Geist der Ausbeutung
in sich zu bergen
und
schöpferisch
zu sein.
Das Feuer Shamballas
wird die Energie des Wassermanns
verstärken und rhythmisch
auf die Erde
niederschlagen.
Wie ein großer Hammer
wird sie den Weg vorbereiten
für die Wiederkunft
des großen Herrn, Christus,
der
den Befehl des neuen Zeitalters gab:
«Liebet
einander,
wie Ich euch liebe...
Keine Liebe ist größer
als die Liebe,
durch die
ein Mensch
sein Leben hingibt
für seine Freunde.»

Diese Worte
werden
mehr und mehr
im Heiligtum
unserer Seele
gehört
und

werden
Toleranz, Vergebung, Miteinander teilen,
Zusammenarbeit,
Verständnis
und Einheit schaffen.

Shamballa, du Feste,
da ist keine
größere
Gabe
als die Gabe der
BRUDERSCHAFT,
wo die Welt
unser Heim sein wird,
und jedes Heim
unser Garten.
Wo die Menschen
einander
nicht verletzen werden.
Wo all unsere Naturschätze
nicht
in Verbrechen,
in Kriegen,
in Polizeimacht, in Armeen
vergeudet werden...
sondern
wo die Naturschätze verwendet werden
zur Errichtung
weltweiter Institutionen
des Lichts,
großer Kathedralen
der Wissenschaft,
großer Theater
der Kunst.

Wir werden dennoch
ein Regierungsorgan haben,
das eine Vereinte-Nationen-Organisation
sein wird.
Die Glieder jenes Körpers
werden
erwählt sein
weil
sie keiner Anerkennung mehr bedürfen,
nicht mehr nach Geld trachten
und nicht länger nach Ruhm streben.
Sie werden Menschen sein
mit der Fähigkeit,
innerhalb der Vision
des großen
wachsamen Auges
des Herrn
von Shamballa
zu leben.

Sie werden Menschen sein,
die in unmittelbarer Verbindung
mit der Führungsabteilung
der Hierarchie stehen.

Sie werden
eine Vision darbieten,
einen Plan
zur fortschreitenden
Entfaltung
der menschlichen Psyche
so dass
der Mensch sich
in größerem Maße

auf das kosmische System
einstimmen kann.
So wird die Absicht des
großen Herrn
die kleinen Menschenwillen
in eine große symphonische Schönheit führen.

Erst nach der Stufe der
Bruderschaft
wird die Menschheit
als ein Zentrum
unseres Sonnensystems
erste Verbindung
zu den anderen
Evolutionen
unserer eigenen Galaxie
aufnehmen.

Der Mensch wird fähig sein,
sich selbst
in anderen menschlichen Wesen
zu erkennen.
Leiden und Schmerz
werden nicht länger
die Lehrer der Menschheit
sein.
Freude und Streben
werden an ihre Stelle treten.
Freude ist größer als Wissen.
Freude ist Weisheit.
Gelegenheit,
Erleuchtung,
Bruderschaft,
drei Gaben Shamballas
im Wassermannzeitalter.

Für jene, die sich bemühen,
gibt es keine Wartezeit
auf dem Pfad,
die Gaben sind bereits
da.

In unablässigem Bemühen,
indem du dein altes Selbst zurücklässt,
aus reinem und göttlichem Beweggrund
tritt ein in das Heiligtum
deines inneren Selbst,
und die Gaben
sind da.

Nimm die Gabe der GELEGENHEIT
und fasse den Entschluss
heute,
nicht verletzend,
freigiebig,
selbstvergessend,
freudig,
universal zu sein – für immer.
Dann bist du
schon dabei,
deine Gabe zu enthüllen.
Der Mensch, in seiner Wesenheit,
ist die GELEGENHEIT,
ein offener Pfad
in die Unendlichkeit.

Ergreife die Gabe der ERLEUCHTUNG
und denke, fühle und handle
schon heute
im Licht

der großen Anwesenheit
in deinem inneren Universum.

Fasse den Entschluss,
die Dinge zu sehen,
wie sie sind.
Wechsle den Blickwinkel
deiner Beobachtung.
Versuche die Vorgänge in der Welt zu sehen.
Versuche jedes Ereignis
nicht nur mit deinen eigenen Augen
sondern mit den Augen
der sogenannten
Feinde zu sehen.
Vermehre deine innere Schau
und lebe nicht
nur für dich selbst,
nur für deine Nation,
nur für deine Religion,
sondern für die ganze
MENSCHHEIT.

Und an jedem Tag
vor Sonnenaufgang
erhebe deine Seele
in Meditation
zu dem überirdischen Licht.
So
wird dein Licht wachsen
und
schließlich wirst du
deine zweite Gabe
enthüllen.

Strecke deine Hand aus,
nimm die Gabe
der BRUDERSCHAFT an.
Jeden Tag denke, fühle und handle so,
als ob alle menschlichen Wesen
deine lieben Brüder wären.
Sprich niemals ein Wort,
das sie verletzt
und Uneinigkeit verursacht.
Setze nie und nimmer
dein Selbst,
deine Rasse
oder deine Nation
über das Interesse der Menschheit.
Gib jedem die Möglichkeit,
sein Licht leuchten zu lassen.
Gib einem jeden
Licht,
so dass er
die Einheit
der Menschenseelen erkennt.

Dann
wirst du, als ein Bruder der Menschen
die Menschheit
hin zum Wassermannzeitalter
führen,
in dem
der Mensch
der Hüter seines Bruders ist,
in dem
Freude der tägliche Sonnenschein ist,
und das Streben
nach dem Höchsten

die Arbeit
jedes einzelnen ist.

Shamballa,
Shamballa,
strahlendes Kraftzentrum;
Ehre sei dir!
Dank sei dir!
Was wäre unser Schicksal
ohne Shamballa?
Eine dunkle Nacht
auf dem Ozean,
ohne Kompass,
ohne Leuchtturm,
ohne Hoffnung eines Sonnenaufgangs.
Shamballa!
Shamballa!

Wir bringen unsere Herzen
an deinen Altar
und geben unser Wort,
zu streben,
zu arbeiten
und zu opfern
auf dem Pfad zur Unendlichkeit.

Legenden sind wirklicher
als Geschichte.
Legenden
sprechen zu uns
über die Welt der Ursachen,
von
Bauplänen,
Urbildern.

Ereignisse sind die schwachen Echos
einer Ursache.
Ereignisse führen zu
einer äußeren Beobachtung,
Legenden entwickeln
eine
innere Beobachtung.
Sie werden nicht
durch Zeit, Ort und nationale Interessen
beeinträchtigt.
So
sind die Legenden
direkte Kommunikationswege
zur Welt der Ursachen.
Die Legende sagt:
«Friede
ist
der Ausdruck des Willens
von Shamballa.
Er bewirkt
Gleichgewicht,
Ausgleich,
Synthese

und Verständnis.
Er bewirkt
einen Geist der Invokation
und Evokation...»
Invokation ist
die starke Forderung, der Wille
der menschlichen Seele,
die feurige Liebe des Menschenherzens
und das strahlende Licht
des menschlichen Wesens;
wie ein Blitzschlag
erreicht er
Shamballa
und
ruft die
Antwort von dort hervor.

Wenn jemand so
Shamballa berührt,
wird Friede mit ihm sein.
Friede wird durch ihn strömen, von ihm ausgehen,
er wird den Frieden hervorrufen,
worauf immer sein Auge fällt...
«Friede sei mit dir...»
Ich gebe euch meinen Frieden...
Segen über jene,
die Frieden stiften,
sie sind die Kinder des Allerhöchsten.

Friede kann man nicht verwirklichen
durch die Gewalt von Armeen,
durch die Mächte der Furcht, Versprechungen
und Bestechung,
noch durch den Zwang von Schmerz und Leid.

Wir haben all dies überall
auf der Welt versucht,
und doch ist der Friede noch nicht hier.
Friede kann nur entstehen,
wenn die kleinen Willen der Menschen
den Frieden Shamballas berühren,
wenn dieser von Zeit zu Zeit
seinen feurigen Segen
herniederströmen lässt.

Friede ist Energie,
Kommunion,
Dezentralisation des Selbst.
Friede ist Liebe,
die durch keinen Umstand,
durch keine Bedingung
verändert wird.

Wann immer du
das feurige Feld
Shamballas
berührst,
kehrt
Friede
bei dir ein,
oder
blüht
Friede
in dir auf.

Nur durch wachsenden Frieden
offenbart sich dir
der Sinn Shamballas,
die Absicht des Kapitäns

des Erdenschiffes
wird sich dir enthüllen.

Die Absicht Shamballas
ist der
zielgerichtete Wille des Sonnenherrn.
Der Wille des Sonnenherrn
ist
eine der Noten der Symphonie
jenes Herrn
dessen Körper
die Galaxie als Ganzes
ist,
Lob,
Ruhm
und Ehre
dem Herrn!
Friede! Friede! Friede!
«Friede ist
der Ausdruck
des Willens
von
Shamballa.»

Shamballa ist ein offener,
feuriger Lotos
mit tausend Blütenblättern.
Jedes Blütenblatt
ist ein Empfänger, Verstärker
und Sender.
Energien von der Venus, vom Pluto,
von solaren Wesenheiten,
vom Großen Bären,
vom Siebengestirn
und dem Stier
ergießen sich in den Kelch
von Shamballa.
Shamballa nimmt sie auf,
wandelt sie um
mit Absicht
und Macht.
Dies ist die Kraft,
die
zyklisch
auf die Welt
freigelassen wird,
gleich einem Blitz,
der Gelegenheit, Erleuchtung,
Bruderschaft.

Jede Wesenheit
in Shamballa
ist ein Energiewirbel,
ein feuriger
Befehlshaber der Lichtkräfte.
Jedes Wesen

ist ein Kommunikationsnetz
mit dem Kosmos.
Shamballa ist ein Magnet,
dessen Anziehung
jeder Eingeweihte
im Herzen fühlt.
Ein Eingeweihter ist ein Mensch,
dessen Körper
mit dem Feuer des Herzens
geläutert sind.
Drei große
Energien strahlen von
Shamballa, dem Thron des Feuers aus;
die Energie der LÄUTERUNG
ist die erste.

Diese Energie
läutert und verwandelt
alle Körper des Menschen
in größerer und immer größerer
Verwandlung,
bis die Körper transformiert sind
und
Verklärung erreicht ist.
Durch eine verklärte
Persönlichkeit oder Substanz
kann
der Geist
sich unverhüllt manifestieren.
Diese Energie
öffnet der ganzen Menschheit,
öffnet allen Naturreichen
den Weg

zu größerer
Verschmelzung mit dem Geist.

Die zweite Energie
ist
die Energie
der ZERSTÖRUNG.
«Sie beseitigt die Formen,
die das innere geistige Leben
gefangenhalten;
unter
zyklischem Gesetz
kommt diese zerstörende Energie
ins Spiel
und vernichtet die Lebensformen,
die
den Ausdruck des Göttlichen
verhindern.»
Diese Energie
untersteht der Kontrolle
des Rats von Shamballa.
Sie wird auch
durch den freien Willen der Menschen
in Bewegung gesetzt,
um den Erfordernissen
neuer Zyklen
zu entsprechen,
oder um aus der Gefangenschaft
alter Formen
zu befreien.

Die dritte Energie ist
die
Energie

der
ORGANISATION.
Wann immer die Energie von Shamballa
freigesetzt wird,
gibt es Läuterung,
gibt es Zerstörung,
gibt es Organisation.

Organisation ist der Vorgang
der Anpassung des Lebens
an den Plan,
Harmonisierung des Lebens
mit der
Absicht des Herrn
und
die Arbeit,
die Fackel
Shamballas
weiterzutragen.

Diese drei Energien
wirken
zuerst
auf den feinstofflichen Ebenen,
dann
treten sie langsam
auf der körperlichen Ebene
in Erscheinung.

Die Energie von Shamballa
läutert
die geistige Sphäre der Menschheit,
macht sie
empfindsamer

für die Lichter der Eingebung,
für die Freude der Seele,
für die innere Schau der höheren Welten.

Die Energie Shamballas
zerstört,
verbrennt
uralte Kristallisationen,
uralte Verzerrungen,
schwere Wolken von Hass,
Gedanken der Trennung.
Habsucht
und
Verbrechen.
Sie gibt dem Menschen Gelegenheit,
von neuem
den Pfad zum Gipfel
zu beschreiten.

Die Energie Shamballas
organisiert
die Seelen des neuen Zeitalters
zu größeren Gruppenbestrebungen,
zu größerem menschlichen
Dienen,
zu stärkerer Konzentration und Spannung,
um Kontakt
mit den Lichtern des Schicksals
des göttlichen Funkens aufzunehmen.

Die Energie Shamballas
überbrückt die Lücken
und der Mensch
kommt in Berührung
mit der Zukunft...

Shamballa ist die Zukunft
jener, die
«mit ihren Händen und
Füßen» arbeiten.

Shamballa ist der
Zustand des Bewusstseins,
der Zustand des Gewahrseins,
zu dem die Seele der
ganzen Menschheit strebt.

Die Zunahme der Gerechtigkeit,
das Wachsen von Liebe
und Bruderschaft,
vermehrte Freiheit
kann man messen
an der Anstrengung
der dunklen Mächte,
Liebe, Bruderschaft, Freiheit
und Gerechtigkeit zu bekämpfen.

Jetzt
versucht die dunkle Loge,
das Feuer des Hasses,
das Feuer der Besitzgier,
das Feuer der Trennung
anzufachen.
Heute ist
dieses Feuer auf
die Vernichtung
der Menschheit gezielt.
Die Mächte der Dunkelheit
planen,
dieses Feuer
zum Auslöschen
der Kultur
ganzer Zeitalter
zu gebrauchen,
dem Menschenreich
den Tod zu bringen
und diesen Planeten
in einen erstarrten Mond
zu verwandeln.

Sie träumen davon,
dass dies die Vernichtung
der Menschheit sein kann
und zugleich der Sieg
der dunklen Loge –
die durch
Gier, Hass und Angst
wirkt –
und danach trachtet,
in der Welt
so viele Agenten,
so viele Stationen
wie möglich
zu errichten,
um die Evolution
der Menschheit
zu hindern.

Sie träumen davon,
die Entwicklung der Menschheit
um Millionen von Jahren
zu verzögern,
dabei benutzen sie
die Zerstörungsmethoden
ihrer Agenten,
um Mutter Erde
in Asche zu legen,
und zwar in solchem Ausmaß,
dass sie
während Millionen von Jahren,
nicht fähig sein würde,
Körper
für wartende Seelen
hervorzubringen.

Dies ist der Traum der dunklen Loge.
Die Energie von Shamballa
ist das Feuer,
das solche Träume
zunichte macht,
solche Absicht dunkler Mächte zerstört
indem es die Flamme des Geistes in jedem Menschen
stärkt.
Dieses Feuer, diese Flamme des Geistes
«muss von den Jüngern
der Großen
wirkungsvoll gebraucht
und
verteilt werden...»

«Dieses Feuer
ist in Wirklichkeit
das Feuer
des Willens-zu-Lieben.
Nicht Liebe allein,
sondern
der Wille-zu-Lieben.»
Eine Liebe,
die deinem Wesen
entströmt
und wie ein Feuer
Beweggründe wegbrennt,
die auf Gier, Angst und Hass
gegründet sind.
Solch eine Liebe
kann dich
zu großem Leiden führen,
zu den Sphären
brennenden Feuers,

aber der Jünger
der Großen
geht über sie
mit einem Lied in seinem Herzen,
mit
unerschütterlichem Vertrauen
in seiner Seele,
mit
der Liebe, die
sein Leben
für seine
Freunde
hingibt.

Dieses Feuer
des
Willens-zu-Lieben
kann
mit einer Flamme
auflodern
und so
das Feuer Shamballas
berühren.
Jene, die
das Feuer Shamballas
berühren
und
es durch ihr opfervolles
Leben
und ihren Willen-zu-Lieben
völlig in sich aufnehmen,
werden
zu Botschaftern des
überirdischen Feuers,

die nach und nach schließlich
alle Herzen
entflammen,
die
einen Tropfen
Liebe
und
Vision für die Menschheit
in sich bergen.

Auf diese Weise
werden sich
die Heerscharen des Herrn
organisieren und wachsen
und dem Befehlshaber
auf dem weißen Pferde
folgen.

Von Ost nach West,
von Nord nach Süd
werden in der ganzen
Menschheit
die Ritter des Geistes
ihre Fackel bringen
und
in das Heer des Herrn
eintreten.

Sie werden Waffen haben,
aber
es werden Waffen
der Liebe, der Schönheit,
des Willens-zu-Lieben,
der Einfachheit,
der Aufrichtigkeit,

der Loslösung
und des Lichts der Eingebung
sein.

Nichts, gar nichts
wird ihnen widerstehen können.
Das Feuer Shamballas
wird jedes Hindernis
auf ihrem Weg
zur weltweiten Bruderschaft
zerschlagen.

Shamballa,
Shamballa,
unser Nordstern,
unsere Leuchte auf stürmischer See,
unsere Heimat, unsere Zuflucht.

Die Befreiung der Menschheit
liegt in den Händen
von sieben Gruppen.
«DEN MÄNNERN UND FRAUEN
GUTEN WILLENS»,
die
für alle Menschen
das Gute wollen.
Sie handeln, sie fühlen, sie denken
über das Gute nach
und sie setzen
ihre Herzensgüte in Taten um.
«DEN IDEALISTEN, DEN SEHERN
EINER ZUKÜNFTIGEN WELT»,
die eine bessere Welt erträumen,
die in ihren Gedanken sich
die Welt der Zukunft vorstellen,
eine neue Welt,
nicht eine Zukunft als Ergebnis der Vergangenheit,
sondern eine Zukunft
nach dem göttlichen Plan ausgerichtet,
in der es
dem Menschen möglich ist,
sein Höchstes zu erreichen.

Die Vision der Zukunft,
einer zukünftigen Welt,
kann für einen Weltlehrer
und für die Menschheit als Ganzes
eine Quelle der Eingebung sein.

Dann haben wir «WELT-ASPIRANTEN»
die ihr Gesicht

dem Thron des Feuers
zuwenden,
in dem Bemühen,
die Körper
des inneren
Feuers
zu läutern,
zu ordnen,
zu erleuchten –
die, einer nach dem andern
die Ketten
an ihren Füßen
zerbrechen –
die, Tag für Tag
über weitere
Horizonte schauen –.
Durch ihr Beispiel werden sie
den inneren Pfad lehren.

Dann gibt es JÜNGER
überall auf dem Planeten,
die bewussten Kontakt
zu ihrem inneren Führer haben,
die in Kontakt
mit dem Meister ihrer Seele stehen,
die den Plan sehen
und sich bemühen, so zu leben,
dass der Plan
der feurigen Großen
Wirklichkeit wird.
Sie schreiten
auf dem Regenbogen
und bringen

die Musik des Plans zum Ausdruck
in allem, was sie tun,
in allem, was sie sind.
Sie opfern,
sie verzichten,
sie halten durch.

Die nächste Gruppe sind
«DIE MITGLIEDER
DER GEISTIGEN HIERARCHIE»,
die befreiten
Wesen,
jene, die den Tod, Zeit und Raum überwunden haben.
Jene, die in
engerem Kontakt
mit dem Thron des Feuers
stehen,
jene, die
der Absicht
des Herrn
dienen.

Unsere Dankbarkeit
steigt
als Weihrauch
von tausend Altären
zu ihnen auf.

Jene, die
seit Anbeginn der Zeit
die Menschheit beschützen
durch Licht,
Liebe,
Güte,
Einfachheit,

Schönheit
und Wahrheit.
Ehre sei Ihnen,
die der Menschheit beistehen!

Als nächste gibt es
«DIE HÜTER
DES WILLENS
ODER DER ABSICHT GOTTES».
Die Flammen in Shamballa,
die
bereit sind,
den Blitz
zu zünden
und
den Weg für die Menschheit
freizumachen
sobald
der Wille-zu-Lieben
wächst
und
an die Tore von
Shamballa
pocht.
«Suchet, so werdet ihr finden.
Klopfet an, so wird euch aufgetan,
bittet, und es wird euch gegeben,»
sagte der Fürsprecher der Menschheit
in Shamballa.

Ferner gibt es
«bestimmte große Energien
außerplanetarischer Art,
die bereitstehen,

um sich einzuschalten,
wenn die geistige Invokation
oder die Not der Menschheit
sich zur Evokation steigert.»
Darum
gab uns
der Herr
Christus
zum Vollmond des Juni
im Jahre 1945.

Die Große Invokation

«Aus dem Quell des Lichts im Denken Gottes
ströme Licht herab ins Menschendenken.
Es werde Licht auf Erden!

Aus dem Quell der Liebe im Herzen Gottes
ströme Liebe aus in alle Menschenherzen.
Möge Christus wiederkommen auf Erden!

Aus dem Zentrum, das den Willen Gottes kennt,
lenke planbeseelte Kraft die kleinen Menschenwillen,
zu dem Endziel, dem die Meister wissend dienen!

Durch das Zentrum, das wir Menschheit nennen,
entfalte sich der Plan der Liebe und des Lichtes
und siegle zu die Tür zum Übel!

Möge Licht und Liebe und Kraft den Plan auf Erden
wiederherstellen!»

Diese Invokation wird
jeglichen Krieg,
den die schwarzen Mächte

ersinnen mögen,
verhindern,
wenn sie mit größerer Inbrunst
von mehr Menschen
an allen Orten gebraucht wird.

Diese Invokation
wird die Aufmerksamkeit
großer Leben
hervorrufen,
die
eingreifen
und die Schlacht
für uns
auf höheren Ebenen
weiterführen werden,
bis
die Dunkelheit
in ihrer Heimstätte besiegt ist –
vernichtet
unter den Füßen der Mächte des Lichts
und verbannt von diesem Planeten.

Diese Große Invokation
wird den Weg
für die Wiederkehr Christi
mit all Seinen Jüngern bahnen
und die Mysterien
der Einweihung gründen.
Er wird uns
die Wissenschaft der Unsterblichkeit,
des Karmas
und die Wissenschaft der Wiedergeburt
lehren.

Er wird uns lehren,
wie wir
mit der Hochburg
in Verbindung treten können.
Er wird uns
die Wissenschaft des Kontaktes
mit größeren und größeren
Wirklichkeiten lehren.
Er wird uns lehren
zu entsagen,
zu opfern,
und wie wir uns selbst
in den Weg der
Auferstehung
einweihen können.

In alten Zeiten
wurde
bei all unsern Zeremonien
die Kreuzigung betont.
In diesem Zeitalter des Wassermanns
wird Er
das Zeitalter der Auferstehung
einweihen
und
wird der Menschheit
die Wissenschaft der Auferstehung
lehren.
Er wird
große Engel
mit sich bringen
die
von Anbeginn
die Schritte der

Menschheit
bewachten
und die Menschen
beschützt haben,
wenn
die dunklen Nächte
über sie
kamen.

Er hat den Auftrag
vom Vater,
diesen Planeten
in einen heiligen
Planeten
umzuwandeln,
und das ist es,
was Er
seit Tausenden von Jahren
macht.
Er inspiriert und ermutigt
jede Flamme der Liebe,
jede Flamme des Lichts,
jede Flamme des Willens-zum-Guten
in jedem Menschenherzen,
so dass er
am Ende des
Wassermannzeitalters
die Menschheit
zum Tor
größerer Einweihung
geführt
und
die Umwandlung des Planeten
in einen heiligen Planeten

vollbracht hat.
In einen Planeten,
wo kein Verbrechen
mehr möglich ist,
in einen Planeten,
dessen Bewohner
Verkörperungen
von Liebe,
Wissen,
Opfer,
Schönheit und
Gesundheit sind.
In einen Planeten,
wo der Plan des Herrn
die kleinen Menschenwillen
führen wird,
der Plan, dem die Meister
wissend dienen.

Die Legende sagt,
Christus berührte
durch seine unvergleichliche
Leistung
zum ersten Mal
in der Geschichte
ein Sonnenwesen,
dessen Name
Geist des Friedens
ist.
Der große Buddha
stellte
die erste große Verbindung
zu den Mächten des Lichts her.
Seither

ergießen sich
zu jedem Vollmond des Stiers
diese zwei Energien
über die Menschheit,
um rechte menschliche Beziehungen,
Erleuchtung,
Verständnis,
Frieden und Kraft zu schaffen,
soweit die Menschheit
zu antworten vermag.

Frieden
ist nicht
ein Zustand in der Welt.
Er ist Energie,
die rechte menschliche Beziehungen schafft,
harmonisiert,
menschliche und planetarische
Zentren in Einklang bringt,
innere Schönheit freilässt
und den Willen des Mächtigen Wesens
in dein Herz einprägt.
Diese Energie kann aufgenommen
und
von den sich entfaltenden Blütenblättern
des Herzens
benutzt werden.
Jene, die offenen Herzens sind,
können nun
diese Energie berühren
und
die Symphonie
des Friedens
verbreiten.

Frieden
führt zum Einklang mit
dem Kosmos.

Shamballa
hat seine Boten,
die großen Avatare,
mit denen man nur auf der
höheren Mentalebene in Kontakt treten kann.
«Sie verkörpern die göttliche Absicht;
die Energie, die sie durchströmt
und von ihnen ausgeht,
ist im Herrn der Welt
konzentriert.
Sie können nur durch
die vereinten Stimmen
der Hierarchie und der
Menschheit erreicht werden.
Wenn wir sie einstimmig anrufen –
werden sie jedoch nur durch
wirkliche Notwendigkeit
zum Dienst bewogen,
und nur
nachdem jene, die sie beschwören,
ihr Vertrauen mit
unentwegtem Tun gepaart
und ihr Äußerstes getan haben,
um allein und ohne Hilfe
das Böse zu überwinden.»

«Gelegentlich berühren die Avatare
jene denkenden Menschen,
die auf mentalen Ebenen konzentriert sind,
die klare Sicht,
große Entschlusskraft,
zielstrebigen Willen,

offenen Sinn,
und eine grundsätzlich geläuterte Form haben.
Diese Avatare sind es,
die den Willen des Sonnenherrn,
die Energie von Shamballa
und die Antriebskraft,
die hinter der göttlichen Absicht liegt, ausdrücken.»
Wenn sie hervortreten,
bringen sie zuerst Vernichtung
und Tod
allen begrenzenden Formen
in denen das Böse haust.
Und so offenbaren sie die Absicht
des großen, großen Herrn.

Darum sind
Meditation,
mentale Polarisation
und Anrufung
dringend nötig,
um die Tür zum Bösen zu versiegeln...
Die Tür zu versiegeln
durch die Macht der großen Boten
und
durch die Macht des konzentrierten
Willens-zum-Guten der Menschheit,
welche die Energie von Shamballa hervorruft
und mit den Avataren des Allerhöchsten
in Verbindung tritt.

Während
der Hauptvollmonde
wird der Christus
zum Empfänger
der Energien
von Shamballa,
um die Menschheit
mit der Hierarchie
und die Hierarchie mit Shamballa
zu verbinden.

Zum Vollmond
des Widders
nimmt Christus
engere Verbindung
zum Geist der Auferstehung auf,
einer großen lebendigen Wesenheit
in der Ratsversammlung
von Shamballa.
Dies hilft Ihm,
den Geist der Menschheit
näher an den Ewig Jungen heranzubringen.

Zur Zeit des
Widdervollmonds
empfängt
der Geist der Menschheit einen Ruf
zur Auferstehung.
Viele Menschensöhne
hören diesen Ruf
und sie
unterwerfen sich

größerer Disziplin,
größerem Dienst
und Opfer...
um sich
von den körperlichen,
emotionalen und mentalen Begrenzungen
zu erheben
und die Ebene der Freiheit
und Freude zu betreten.
«Das Geheimnis des Widders
ist das Geheimnis
der Anfänge,
der Zyklen
und der sich bietenden
Gelegenheiten.»

Zum Vollmond
des Stieres
erschaffen
Christus,
der große Herr,
und der Herr des Erbarmens,
Buddha,
mit dem Herrn der Welt
in Shamballa
ein Dreieck aus Licht.
Dieses Licht
wird zur Zeit
des Vollmonds der Zwillinge
der ganzen Menschheit übertragen.
Der Herr der Welt
ist das Licht des Lebens.
Der Herr Buddha ist der
Herr der Weisheit

und enthüllt der Hierarchie die Absicht.
Christus, der Herr der Liebe,
vertritt die Forderung der Menschheit
und wirkt als Verteiler
der Kräfte der Erleuchtung.

Die Kräfte der Erleuchtung
werden tagtäglich
in solchem Maß zunehmen,
dass
der Mensch
imstande sein wird,
seine unendliche Zukunft zu sehen
und die Hindernisse
auf seinem Wege
zu erkennen.

Zum Vollmond des Stieres
werden die freigesetzten Energien
den Geist der Liebe,
den Geist der Bruderschaft
und den guten Willen
auf Erden beleben.
«Sie werden alle Menschen
guten Willens
zu einem
geeinten,
verständnisvollen Ganzen
zusammenschmelzen.»

Die Legende gebietet,
dass
wir uns
an jedem Vollmond

des Stieres
erneut dem Willen Gottes
weihen.

Der nächste Vollmond
ist der Vollmond der Zwillinge.
Zu dieser Zeit des
Vollmonds der Zwillinge
nimmt Christus, der große Herr,
in Sich
die vereinte Invokation
der Menschheit auf,
die Gebete, die Forderung
der Menschheit,
und übermittelt sie
an Shamballa.

Darum muss
jeder Mensch
im Monat der Zwillinge
sich in den Geist Christi
versenken
und von ganzem Herzen
und mit seinem ganzen Sein
in Ihm leben.

Der Vollmond der Zwillinge
ist der Augenblick,
in dem das Herz der Sonne
den Strom der Liebe
ausgießt,
den Christus dann
zu allen Menschen bringt;
Er ist der Wassermann auf dem Planeten.

An diesem Vollmond
steht er
in Shamballa als der Vertreter
der Menschheit
und baut die Brücke
zwischen der Menschheit und
dem Zweck Shamballas.

Der große, große Herr
die Seele dieses Planeten,
der lebende, handelnde
planetarische Logos
ist in einer größeren Einweihung begriffen.
Dies verursacht
größeren Druck
auf drei Zentren:
die Menschheit, die Hierarchie und Shamballa.
Wenn der große Himmlische Mensch,
der planetarische Logos,
auf Seinem Pfad der Erweiterung,
der Einweihung
voranschreitet,
verschmilzt Er mit den Quellen
größerer Energie
und lädt seine drei Zentren
mit größerer Energie auf.
Die drei Zentren
antworten
entsprechend der Entfaltung
ihrer eigenen Mitglieder,
und ein neues Streben,
Selbsthingabe
auf dem Pfad der Vervollkommnung
erwacht in ihnen.

Der Himmlische Mensch
zieht wie ein Magnet
den lebendigen Funken
in den Herzen der Mitglieder
eines jeden Zentrums hinauf.

Dieser Vorgang
immer stärkerer Reaktion
führt zu größerer Spannung im menschlichen Zentrum,
und zu neuen Wegen
des Fortschritts,
zu Konflikt,
zu Problemen
und sogar
zu größerer Zerstörung
der begrenzenden Formen auf drei Ebenen...

In der Hierarchie
bewirkt er
größere Aktivität zur Anpassung
an die einströmenden Energien
und zum Überdenken
des Plans.

Nichts Veraltetes bleibt
im Zentrum der Meister,
in der großen Gemeinschaft der heiligen Wesen.

Die Hierarchie
strebt danach,
sich selbst Shamballa anzupassen
und alle Veränderungen
auf die Menschheit zu übertragen.
Diese Veränderungen dringen
in jedes Ashram der Meister,
in jede Gruppe ihrer Jünger.
Diese Veränderungen haben Auswirkungen
auf die Disziplin, der sie sich
unterziehen,
für ihre Beziehung zu Shamballa.

Die Hierarchie ist das Herzchakra
des Logos.
Wegen Seines Fortschritts
ergießt sich größere Liebe
aus den Blütenblättern der Hierarchie
auf die Menschheit.

Die Energie der Liebe
schafft
Gruppenarbeit, Beziehungen,
größeres Verständnis, Neuorientierung
und auch Reibung
zwischen den Kräften der Ausdehnung
und der Zusammenziehung
im Menschen,
im Planeten.

Shamballa
hat während dieser Zeit größerer Einweihung
des großen
Himmlischen Menschen
mehr Spannung zu ertragen.

«Dies betrifft
die Fähigkeit Jener
in der Ratsversammlung
von Shamballa,
auf gewisse außerplanetarische
Energien
zu reagieren,
sie aufzunehmen
und sie in einem interplanetarischen Sinne
nutzbar zu machen.»

Die Legende sagt,
der Himmlische Mensch
läuft auf seinem Pfad der Einweihung
schneller,
als die Großen Beobachter
im System
erwarteten.
Darum befindet sich das Atom,
der Mensch, die Hierarchie und Shamballa
im Begriff der Befreiung,
der Neuanpassung, Entfaltung und des Blühens.

Darum betätigt
sich die Menschheit
mehr in Gruppenarbeit.
Aspiranten der Welt
streben eifrig danach über die Hierarchie zu lernen
und die Jünger der Welt
mühen sich besonders,
mit Shamballa
in Kontakt zu kommen.

Eine goldene Brücke
vereint
diese drei Zentren
für größere Zusammenarbeit.

Die Brüder der Menschheit
vertrauen
der Standhaftigkeit
des Herzens
der Menschheit.

Der Gefangene des Planeten
ist im Begriff

frei zu werden...
Und dies ist die große Gelegenheit
für alle Einheiten,
in größere Herrlichkeit einzutreten.
Nie in der Geschichte der Menschheit,
so wird uns gesagt,
war das Tor zur Einweihung
weiter geöffnet.

Viele hunderte
nähern sich dem Berg
der Verklärung.
Viele tausende durchqueren
den Strom der Läuterung.
Viele Millionen
gehen durch Geburtswehen...
Und da und dort stellen
einige engeren Kontakt
zu der Hierarchie
und Shamballa her.

Die Mitglieder der Hierarchie
haben ihren Tag der Gelegenheit.
Einige von ihnen
betreten
den Pfad der höheren Entwicklung
und verlassen einer nach dem andern,
unseren Planeten,
sobald Menschen
sie ersetzen.

Der Strom des Lichts vom Logos
zum Menschenherzen erglüht in Schönheit,
und Perlen von Seelen

sind unterwegs
zum Herzen der Sonne.

Die Legende sagt:
«Solch ein Erwachen
der menschlichen Familie,
solch eine große geistige
Neuorientierung
wurde nicht
vor dem Jahr 4500 n. Ch. erwartet,
dem Zeitpunkt, wenn
unsere Sonne
in das Zeichen
des Steinbocks eintreten wird.»

Die Menschheit ist in
ihrer Evolution
2000 Jahre voraus.
Horche nicht
auf die Stimmen
falscher Propheten,
die
in ihrer Blindheit
weder das Licht
noch
die kommende Herrlichkeit der Menschheit
und der Welt sehen können.

Der große Lehrer
Meister Djwhal Khul
sagt:
«Die Arbeit der Hierarchie ist
durch die Zeitalter hindurch
von grundsätzlich dreifacher Natur gewesen:
Einem beständigen Bemühen,

engere und verständnisvollere Beziehung
zu Shamballa herzustellen.
Dies bedingt
eine Entfaltung des Willensaspektes
und den damit verbundenen vollen Einsatz
intelligenter Liebe;
eine beständige Anpassung
des sich entwickelnden Planes
an die sich offenbarende
energiespendende Absicht;
eine wachsende Fähigkeit
die Energie
von Shamballa
auf die drei Welten
zu übertragen,
von den kosmisch-ätherischen Ebenen
auf die kosmisch-grobstofflichen Ebenen.»

«Um innerhalb der Umkreises des hierarchischen
Zentrums
ein Leben, einen Plan
und eine Technik zu entfalten –
die all jenen zur Übung bestimmt ist,
die ihren Weg in ein Ashram
(in die subjektive Klasse
eines Großen)
finden.»

«Um innerhalb der Hierarchie
die Qualitäten aller Sieben Strahlen
durch die sieben Hauptashrams
und ihre angeschlossenen
und untergeordneten Ashrams zu vertreten.»

Das Ziel der Hierarchie ist es,
die Menschheit mit Shamballa
zu verbinden.
Gleichermaßen ist es das Ziel der Seele,
die Persönlichkeit mit dem Funken
zu verbinden.
Das Ziel der Hierarchie
ist, in Shamballa
und in
die Menschheit
völlig aufgenommen zu werden.
Und wenn dieser Vorgang voranschreitet,
werden wir sehen,
dass die Hierarchie
langsam
verschwindet
und nur zwei Zentren –
Shamballa und die Menschheit –
bestehen bleiben.

Symbolisch
wird die Hierarchie
in Shamballa auferstehen,
und die Menschheit
wird in direkte, dauernde Beziehung
mit dem Thron des Feuers treten.

Der vorbereitende Schritt
für dieses Ereignis
ist das in Erscheinung treten
der Hierarchie
und
die Wiederkehr Christi.

Christus der Herr
wird die dauerhafte Straße bauen
zwischen der Menschheit und Shamballa.
Diese Arbeit
wird die Vollendung Seiner Haupteinweihung,
der Auferstehung kennzeichnen.

So wird das vorläufige Zentrum,
die Hierarchie
als Kausalkörper
des Eingeweihten der Entsagung
nicht mehr
existieren.
Dies wird auch
die große
Niederlage der dunklen Mächte
auf dem Planeten sein.

Shamballa
der große Lotos,
nimmt Eindrücke auf,
die aus dem weiten Raum
kommen...
wie der Kapitän des Schiffes
Kontakt hat
zu verschiedenen
Peilstationen
an den Küsten und auf See.

Es gibt viele
kosmische Gefahren:
Gefahren von
sich auflösenden Planeten,
Monden,
Kometen, Konstellationen,
elektrischen Stürmen,
Energieüberschwemmungen im Raum,
Flutwellen
von Kräften, die durch
Erdbeben
in großen Wüstengebieten
von Energiefeldern
in solaren und kosmischen Sphären
hervorgerufen werden.
Es gibt Explosionen
von Energieansammlungen
im Raum.

Unsere Erde
und andere Planeten

und Systeme sind kleine Boote
im Ozean
der lebenden, mächtigen
Wellen des Raumes.

Der Kapitän unseres Bootes
ist vierundzwanzig Stunden lang
im Dienst,
seit Millionen von Jahren,
um das Boot an die vorbestimmte Küste
der zukünftigen Vollendungen zu führen.
Das Kommunikationssystem
ist Shamballa,
der große Herr und Seine Ratsversammlung.
Sie machen Kontakt
mit fernen Sternen,
wie dem Sirius,
und empfangen Eindrücke
von der großen Loge
auf Sirius.

Die Legende sagt,
diese Eindrücke seien so subtil,
dass die großen Leben in Shamballa sich
einer besonderen Vorbereitung
unterziehen müssen
und in Anwesenheit
der ganzen Ratsversammlung
die Botschaft vom Sirius
empfangen.
Sirius kann sie
von Vorgängen
auf höheren Ebenen,
informieren,

welche die Gegenwart und die Zukunft
des Planeten Erde
beeinflussen könnten.

Nachdem der Eindruck aufgenommen ist,
arbeitet die ganze Ratsversammlung daran,
die Botschaft
für die Hierarchie,
für die Menschheit,
für andere Reiche zu verwerten
und die Verteilung von Energie
entsprechend zu lenken.

Shamballa empfängt
Eindrücke
auch vom
Großen Bären, vom Stier,
vom Siebengestirn
und von anderen Konstellationen,
wenn sie zyklisch
mit unserem Planeten
in Beziehung treten;
Eindrücke von
geistigen Ereignissen
in höheren Sphären,
Eindrücke in Bezug auf
kosmische Pläne und Ausbildung,
Eindrücke über
die Geheimnisse der Elektrizität,
Feuer und Materie in der großen Galaxie.
Die Legende sagt,
solche Eindrücke
erreichen Shamballa, wenn die

große Ratsversammlung
in der Konklave tagt,
wobei eine Mehrheit ihrer Mitglieder
anwesend ist...

Eindrücke werden empfangen
von
Energiezentren auf zwei Planeten,
die zyklisch
in Dreiecksform
in Beziehung zu unserem Planeten
treten.

Diese Eindrücke werden
von den drei großen
Buddhas der Aktivität
in Shamballa empfangen
und an die Hierarchie
zur Berücksichtigung
beim Planen
und Ausführen
weitergeleitet.

Eindrücke werden auch
von der Venus empfangen.
Die Venus ist
das höhere Selbst
unseres Planeten.
Die Legende sagt,
diese Eindrücke werden
von Sanat Kumara
und drei Seiner Ratsversammlung,
die
von Ihm
erwählt sind, aufgenommen,

um jederzeit
als Empfänger zu dienen.

Der ganze Kosmos ist
die Quelle von Eindrücken.
Und so wie wir wachsen,
wird sich unser Kontakt
in die Unendlichkeit ausweiten.

Das ganze Sein
steht in Beziehung
auf vielen Ebenen,
auf mancherlei Weise.

Nur das Bewusstsein
dieser Beziehung
muss in jedem Leben
entwickelt werden.

Die Bildung
dieses Bewusstseins
trägt uns
zur Einheit hin,
zur Synthese,
in individuellem
und
kosmischem Maße.

All jene, die
mit der Schule der Erfahrung
fertig sind,
treten ein in den Lehrgang
der hohen Wissenschaft
des Kontaktes.

Die Erlösung aller Systeme,
die Befreiung
eines jeden Lebens
wird
durch die Wissenschaft
des Kontaktes erreicht.

Der Mangel an Kenntnis
dieser Wissenschaft
ist die Ursache
aller Störungen,
aller Schmerzen und Reibungen.

Einweihung in die Mysterien
ist nur möglich
durch die Kenntnis
der Wissenschaft
des Kontaktes.
Deshalb wird uns gesagt,
zu lieben,
zu verstehen,
empfindsam zu sein,
unser Kommunikationssystem,
die Regenbogenbrücke
zu bauen.

Jene, die die Brücke
zwischen sich und ihren Seelen bauen,
kommen einander näher
und bilden
erleuchtete Gruppen,
und dann versuchen sie
in Gruppenarbeit
den oberen Teil der Brücke zu bauen,
der von der menschlichen Seele

zum Funken
im Menschen reicht.

Wenn Gruppen
solch eine Brücke bauen,
kommen sie einander näher
und werden zu einer
gewaltigen Quelle
von Willenskraft,
Energie der Liebe
und Lichtströmen
für die Menschheit.

So wird die Menschheit vereint,
nicht durch Gewalt,
sondern durch Herstellen der Verbindung
zu höheren Ebenen
des Daseins.

Wir haben Kommunikationsvermittler
zwischen
der Galaxie und dem Sonnensystem,
zwischen dem Sonnensystem
und Shamballa,
zwischen Shamballa
und der Hierarchie,
zwischen der Hierarchie
und der Menschheit
und
zwischen Nation und Nation
von Mensch zu Mensch
und so weiter.

Mein Freund,
wir sind nicht allein

in diesem Universum.
Wir sind ein Teil davon.
Wir haben eine Rolle zu spielen,
wir haben
Verantwortung
in dieser großen Symphonie
des Kosmos.

Shamballa
empfängt Eindrücke,
aber es strahlt sie auch aus,
«in großen Zyklen und zyklischen Wellen.
Diese werden von
außerplanetarischen Quellen
ausgelöst,
auf Verlangen oder hervorgerufen durch
den Herrn der Welt
und Seiner
Mitarbeiter.
Sie strömen aus auf Veranlassung
des von Sanat Kumara
in der Kammer des Rats
bekundeten Willens.

Diese Eindrücke,
geistig und unwiderruflich,
nehmen ihren Weg nach außen
sieben Strahlen entlang,
als sieben Ströme
geistiger Energie,
deren Qualität und Farbe
durch den Eindruck aus
Shamballa bestimmt wird.

Dieser Vorgang wiederholt sich,
wenn die hierarchische Invokation
wirksam und erfolgreich eingeführt ist.

Der gleiche Vorgang
spielt sich zwischen der
Hierarchie und der Menschheit
als Erwiderung auf die
menschliche Invokation ab.»

Shamballa
beeindruckt die Hierarchie
durch große Wesen,
die Nirmanakayas heißen.

So erhält die Hierarchie
Kenntnis
von Veränderungen in Shamballa,
damit sie entsprechend planen kann.

Diese Eindrücke
werden an die Menschheit
durch die Vermittlung
der Neuen Gruppe
der Weltdiener weitergegeben,
sodass
die Menschheit als Ganzes
sich auf den Plan
der Hierarchie,
auf die Absicht
Shamballas
in Einklang mit
dem größeren Ziel
der Galaxie
einstimmen kann.

Wenn erst einmal eine engere
und reinere Beziehung
zwischen diesen
großen Zentren
besteht,
wird das göttliche Leben
freier fließen
und allen Zentren
mehr Freude, mehr Seligkeit
und größere Herrlichkeit
bringen.

Shamballa,
Shamballa,
möge dein Licht
immer
auf dem Weg
der Menschheit
leuchten!

Die Legende sagt,
mehr und mehr
Menschensöhne
werden in größerem Licht stehen und
durch die höheren Einweihungen gehen.

Sie werden fähig sein,
ihre Körper zu verklären,
den großen
und einsamen Pfad
des Verzichts
zu betreten,
und im erhabenen Licht
der Offenbarung
zu stehen.

All dieser Fortschritt
der menschlichen Seele
macht den Menschen
zunehmend
für die Eindrücke
von Shamballa
empfindsam.
Schließlich können
die vier Tore
und drei Türen Shamballas
durchschritten werden
und der Mensch steht dann,
seinem uralten
goldenen Traum entsprechend,
als ein lebender,
goldener Pfeiler

im Tempel
seines Vaters Hauses.

Der Pfeiler ist das Symbol
des Empfängers
göttlichen Willens und göttlicher Absicht.
«Die Absicht
strahlt
aus der kosmischen
Mentalebene aus
und ist
das allumfassende,
synthetische,
motivierende Prinzip,
das
sich
als
göttlicher Wille
auf der kosmischen – physischen Ebene,
den sieben Ebenen
unseres
planetarischen Lebens
ausdrückt.»

Diese dynamische Energie
hat ihren Brennpunkt
in den
lebenden, gewaltigen Pfeilern
in Shamballa.

Pfeiler
sind auch die Symbole
der goldenen
Regenbogenbrücke
Antahkarana...

über die
der Mensch das andere Ufer
der göttlichen Schönheit
erreicht.

Morya Sahib
sagte einst:
«Das universale
Auge von Shamballa
bringt der Menschheit Seligkeit.
Das universale
Auge von Shamballa
ist ein Licht
auf dem Pfad der Menschheit.
Das universale Auge
von Shamballa
ist der Stern,
der alle Suchenden
geführt hat...

Der Herrscher von Shamballa
ist eine feurige
Triebfeder
von Leben und Feuer.
Sein Atem
lodert in Flammen
und Sein Herz
erglüht im Feuer
des silbernen Lotos.

Der Herrscher von Shamballa
lebt
und atmet
im Herzen der Sonne.

Der Herrscher von Shamballa
ist unbesiegbar,
er verwandelt Zerstörung in Aufbau.
Nimm den Herrscher
von Shamballa
als die Verkörperung des Lebens an.
Dreimal, sage ich, des Lebens,
weil Shamballa
Garantie
des menschlichen Strebens ist...»

«Der Herrscher von Shamballa
verkörpert
drei heilige Bündnisse für die Menschheit.

Die Lehre,
die durch den Maitreya (Christus) verwirklicht ist,
ruft
den menschlichen Geist
zu Unserer Schöpferischen Welt.
Die
Lehre des Maitreya
ordiniert
das Unendliche im Kosmos, im Leben
und in den Errungenschaften des Geistes.
Die Lehre
des Maitreya bewacht
das Wissen
des kosmischen Feuers
als Entfaltung des Herzens,
das die Manifestation des Universums umfasst.
Die alte Legende,
welche die
Verkörperung des Maitreya

als eine Auferstehung des Geistes erklärt,
ist wahr.

Die Auferstehung
des Geistes
in bewusster Annahme
der Lehre des Maitreya
mag der Vorbote
des Advent sein.
Wahrlich die Auferstehung.»

Shamballa,
der neunzackige,
diamantene Stern…
neunseitige Pyramide im Äther,
die Sphäre des Feuers,
wird
in den Herzen derer,
die den Pfad betreten, widergespiegelt.
Jeder einzelne
hält
das Symbol der Entwicklung,
das Dreieck.
Da sind jene,
die mit der Kraft der Invokation
intensiv arbeiten,
um die Substanz
der ätherischen Formationen
auf dem Planeten
mit Hilfe des Lichtfeuers
umzuwandeln.

So begannen die ätherischen viereckigen Formen
der Energiezirkulation
auf dem Planeten
sich bewusst
in Dreieckformationen zu verändern.
Dies ist das Dreieck des Lichts.

Da sind jene,
die sich eifrig bemühen,
Dreiecke des Guten Willens zu bilden,
durch welche

Güte, Schönheit
und der Geist
des Miteinanderteilens
zirkulieren können,
die überallhin
feurigen Segen
ausstrahlen
und die ein Netzwerk von
Licht und gutem Willen bilden
und rechte menschliche Beziehungen
schaffen.

Weiter fortgeschrittene
Söhne des Lichts
und des Guten Willens
formen
das dritte Dreieck.
Dies ist das Dreieck
des Willens,
durch das
von göttlichem Zweck
beseelte
Willensenergie
von einem Punkt zum andern
zirkuliert.

So sind
Licht
und Liebe
und Kraft
tätig,
um auf Erden
Veränderungen
herbeizuführen.

Shamballa ist die Quelle des wahren Lichts,
ist die Quelle der reinen Liebe,
ist die Quelle von Zweck und Kraft.

Diese Energien
müssen in Dreieckformation
in Erscheinung treten,
zuerst durch drei einzelne Personen,
dann durch drei Gruppen,
dann drei Nationen –
indem sie zuerst
als Saat wirken,
dann
sich in viele Dreiecke
vervielfältigen,
bis die Energien von Shamballa
nur noch
im Muster von Dreiecken zirkulieren.

In einem neuen Zeitalter
wird die Menschheit versuchen,
das in den ätherischen Körper
des Planeten
eingebaute Dreiecksmuster
in Kreise umzuformen,
in konzentrische Kreise,
deren Zentrum
Shamballa sein wird.

Die Pulsierungen von Shamballa
werden, Welle auf Welle,
durch menschliche Kreise,
die ihr Zentrum in Shamballa haben,
alle Reiche
berühren.

Die Pulsierungen von Shamballa
werden Licht,
Liebe,
Willen
ausstrahlen
und so in jedem Kreis
Schönheit,
Freude
und Seligkeit
schaffen.

So wird die Menschheit
Schritt für Schritt
von Herrlichkeit zu Herrlichkeit gehen.

In Shamballa
ist das Zepter
Christi, des Weltlehrers,
verborgen.

An jedem Ende dieses Zepters,
ist ein großer Diamantknauf,
der
Energie
und die Farben Orange und Blau
ausstrahlt.
Dies ist Sein Machtstab.

Er wird
vom «Flammenden Diamanten» –
dem Zepter
Sanat Kumaras,
des Alten der Tage –
aufgeladen.

Die Legende sagt,
eine wundervolle
Zeremonie findet
statt,
wenn ein neuer Weltlehrer
seine Arbeit aufnimmt.
Bei dieser Zeremonie
empfängt Er seinen Machtstab,
denselben Stab,
der seit der Gründung
unserer planetarischen Hierarchie
in Gebrauch ist.
Er hält ihn dem Herrn der Welt hin,

der ihn mit seinem eigenen gewaltigen Stab berührt
und so mit elektrischer Energie neu auflädt.
Diese Zeremonie findet
in Shamballa statt.

Christus gebraucht das Zepter
bei der Zeremonie
der ersten und zweiten Einweihung,
um die Kräfte der Persönlichkeit zu heiligen,
so dass sie im Dienste
der Menschheit genutzt werden.

Christus gebraucht
das Zepter
auch zur Zeit
des Wesak-Vollmonds.

Der Wesak-Vollmond
ist der Vollmond
des Stiers,
zu welcher Zeit
eine größere Harmonisierung zwischen
der Menschheit, der Hierarchie
und Shamballa erfolgt.

Zu dieser Zeit bauen
große Wesen
einen Weg
aus Licht und Liebe
und Kraft
zwischen der Menschheit
und Shamballa.

Das Zepter Sanat Kumaras,
so sagt die Legende,
ist «im Osten» verborgen.

«Das Zepter des Herrn
der Welt wird
zu jeder wiederkehrenden Weltperiode
neu aufgeladen,
siebenmal
in der Geschichte
eines planetarischen Schemas.»

Dies ist das Gewaltige Zepter,
das
Der Herr gebraucht,
«wenn Er eine Rasse,
eine Nation
oder eine große
Organisation
bildet,
oder
wenn religiöse
Organisationen und Führer
der Wiedererweckung bedürfen
oder
andere Organisationen,
die für Zivilisationen und Kultur
verantwortlich sind,
oder zurzeit
größerer Einweihungen.»

Als ein Beispiel
berichtet die Legende:
«Bei der dritten Einweihung,
der Verklärung,

macht die Handhabung
des Zepters
durch den Initiator,
Sanat Kumara,
die Kraft des höheren Selbst
in ungeheuer größerem Maße
verfügbar...
und bringt
auf der körperlichen Ebene
die ganze Energie
ins Spiel,
die während zahlreicher
Inkarnationen
im Kausalkörper
aufgespeichert wurde.»

Die Legende sagt,
es gibt noch andere Zepter,
das Zepter des Solaren Logos,
das im «Herzen der Sonne»
verborgen ist.
Das Zepter wird
das «Siebenfältige Flammende Feuer» genannt.

«Es gibt den Stab
des Kosmischen Logos,
der in jenem Zentralpunkt
der Himmel
verborgen ist,
um den
unser Sonnensystem kreist
und der
die zentrale geistige Sonne

genannt wird.»
Shamballa,
Shamballa...

Viele Lehren
werden der Menschheit
aus den Ashrams der Hierarchie gegeben.
Auch Shamballa
gibt Lehren aus,
für jene Eingeweihten,
die den Bereich des inneren Feuers
betreten.
Die Lehre des neuen Zeitalters
ist
die Lehre des Feuers,
der Elektrizität des Geistes.

Die Jünger von Shamballa,
der Hochburg,
werden das Feuer
in die sieben Bereiche
menschlichen Lernens und
menschlicher Erfahrung tragen.
Dies Feuer wird sie
zu einer Einheit verschmelzen.
Dieses Feuer wird ihren Horizont erweitern
und sie zur Synthese ins Universale führen.

Dieses Feuer wird
das letzte Ziel
jedes Lernbereiches offenbaren.
Die Lehre des Feuers
wird in der Politik
zum Ausdruck kommen
und wird im Denken der Führer
die Vision der
Welteinheit und des göttlichen Willens

enthüllen.
Die Lehre des Feuers
wird die Welterzieher
entflammen
und so allen
Schulen und Universitäten
das Bedürfnis nach
Transformation der menschlichen Natur
und das Streben nach
Selbstverwirklichung, Schönheit
und Erleuchtung eingeben.

Die Lehre des Feuers
wird eine Neuorientierung
der Philosophie
erschaffen,
um die Bedeutung von Leben und Raum zu zeigen
und den Weg zum Willen-zur-Entfaltung
eröffnen.
Die Lehre des Feuers
wird neue Begeisterung
im Bereich der Kunst schaffen,
die Kunst wird das Mittel
zur Verklärung der
menschlichen Seele werden
und wird die verborgene Schönheit
des Energiesystems
im Kosmos ausdrücken.

Die Lehre des Feuers
wird eine Wiedererweckung
der Wissenschaft bringen
und die Wissenschaft wird sich

mit der unsichtbaren, subjektiven Welt
beschäftigen,
mit den feurigen Blumen der Seele,
mit den Geheimnissen des Lebens.
Die Lehre des Feuers
wird in der Religion eine große
Veränderung bewirken,
von der Kreuzigung,
Sünde, Gnade, Strafe
und Hölle
zur Auferstehung des Geistes,
zur Kommunion mit dem Höchsten,
zu Freude und Seligkeit.

Die Lehre des Feuers
wird große Harmonie
und Synchronisierung
in alle Bereiche
menschlichen Bemühens bringen.
Es wird den Geist des Miteinanderteilens
die tiefere Bedeutung von Ordnung,
Rhythmus
und Zusammenarbeit bringen.

Die Lehre des Feuers
wird die Geheimnisse
der Synthese aufdecken
und wird die Materie gebrauchen,
um die Schönheiten des Geistes auszudrücken.
Die Lehre des Feuers
wird all diese Bestrebungen
zu einer größeren Symphonie
vereinigen,
in der sich der menschliche Funke

entfalten und blühen wird.
Die Lehre des Feuers
wird
die Kunst der Kontemplation,
die Kunst der Inspiration,
die Kunst des Kontaktes,
die Kunst des Opferns,
die Kunst des allsehenden Auges,
die Kunst der bewussten Unsterblichkeit offenbaren.

Menschen feuriger Art
werden die Lehre des Feuers erlernen
und ihr Leben umformen
und es in lebende Schönheit,
in lebende Symphonien verwandeln,
alles gebend,
alles umfassend.

Die Lehre des Feuers
wird alles offenbaren:
das Feuer im Ton,
das Feuer in der Farbe,
das Feuer des Herzens,
das Feuer des Geistes,
das Feuer der Bewegung.
Der Mensch wird seine Natur
als Feuer in dem größeren Feuer
erkennen.
Der Mensch wird seine Probleme
durch das Feuer des Geistes,
durch das Feuer des Herzens lösen...

Shamballa!
Thron des Feuers...
Shamballa!

Shamballa,
Shamballa,
wenn ich deinen Namen ausspreche,
sehe ich Blumen
am Rande aller Straßen des Lebens blühen;
ich sehe
Reisende auf dem Weg,
alle in Regenbogenfarben gekleidet
und in rhythmischem Tanz
einem neuen Sonnenaufgang
entgegengehen,
Ich sehe
die Welt
ohne Krankenhäuser,
ohne Polizei,
ohne Armeen
und Kriegsschiffe.

Ich sehe Wellen von Menschen sich
in konzentrischen Kreisen
um die Hochburg
von Shamballa
versammeln,
und alle singen
in einem mächtigen Chor:
«Herr,
Dein Licht führte uns
aus der Dunkelheit ins Licht,
vom Unwirklichen ins Wirkliche,
vom Tod zur Unsterblichkeit,
vom Chaos zur Schönheit.»

OM MANI PADME HUM
OM. OM.

Shamballa,
Shamballa,
das offene Auge
in den Kosmos.

OM.

Meinen Dank
dem großen Meister M.,
Djwhal Khul,
Alice Bailey,
H. P. Blavatsky,
Nicholas Roerich,
Helena Roerich,
den großen Lamas des Ostens.
Großen Dank
aus
der
Tiefe meines Herzens,
dass ich
von
dieser
feurigen Legende
von Shamballa
erfahren
durfte.

OM.